U0903525

纪念汤显祖莎士比亚逝世400周年活动文集

东方之韵

跨越时空的对话

上海戏曲艺术中心　编著

東方出版中心

图书在版编目(CIP)数据

东方之韵:跨越时空的对话 / 上海戏曲艺术中心编著. -- 上海:东方出版中心, 2018.12

ISBN 978-7-5473-1369-5

Ⅰ.①东… Ⅱ.①上… Ⅲ.①汤显祖(1550-1616)—人物研究②莎士比亚(Shakespeare, William 1564-1616)—人物研究 Ⅳ.①K825.6②K835.615.6

中国版本图书馆CIP数据核字(2018)第270095号

责任编辑:彭毅文
责任印制:曹毅波
装帧设计:一本好书

东方之韵:跨越时空的对话

出版发行:东方出版中心
地　　址:上海市仙霞路345号
电　　话:(021)62417400
邮政编码:200336
经　　销:全国新华书店
印　　刷:上海盛通时代印刷有限公司
开　　本:720mm × 1000mm 1/16
字　　数:260千字
印　　张:17.5
版　　次:2018年12月第1版第1次印刷
ISBN 978-7-5473-1369-5
定　　价:128.00元

总　编　**谷好好**
主　编　**沈伟民**
副主编　**刘　玲**

鸣谢单位（及照片提供）

中国上海国际艺术节组委会
上海市戏剧家协会
上海大剧院艺术中心
上海文广演艺（集团）公司
上海戏剧学院
上海昆剧团
上海话剧艺术中心
上海滑稽剧团
上海芭蕾舞团
上海张军昆曲艺术中心

目录

第四辑 惊情四百年——纪念汤莎逝世四百周年专题研讨会 183

昆曲演员上妆

序

纪念大师，
让中华戏剧唱响世界

2016 年恰逢中国戏剧大师汤显祖和英国戏剧大师莎士比亚逝世四百周年，中英文化界戏剧界掀起了纪念两位大师的热潮。

作为东西方最具代表性和影响力的戏剧家汤显祖和莎士比亚于同一年逝世，早在一百年前的日本学者青木正儿就已经发现了这一机缘巧合，对共处同一时代的两位戏剧大师做比较研究。他在《中国近世戏曲史》一书中指出，“东西文化伟人，同出其时，亦奇也”，并特别赞赏“汤显祖不仅于戏曲上表现其伟大，即其人格气节亦颇有可羡慕者”。可见，在日本学者的心目中，知人论世，汤翁戏剧创作伟大，人格魅力同样令人折服。遗憾的是，多年来我国文化界戏剧界将两者联系在一起进行研究和推广的工作做得较少。显然，中英两国共同纪念戏剧大师，可谓恰逢其时，意义非常。

2016 年全国很多地方开展了纪念大师的活动，如苏州昆剧院前往伦敦巡演《牡丹亭》，英国莎士比亚环

球剧院来到中国的广州、南京巡演莎翁名剧《威尼斯商人》，英国利兹大学来到汤显祖故乡江西抚州演出汤翁名剧《南柯记》，抚州方面则派人专程前往莎士比亚故乡，英国斯特拉特福与当地人共同举办了纪念汤显祖和莎士比亚逝世四百周年研讨会等活动。中国剧协与抚州市共同举办了第三届汤显祖艺术节及相关学术活动，莎翁故乡的嘉宾也专程前来祝贺。

在多地开展得诸多纪念活动中，上海无疑开展得更为有声有色。如上海文广演艺（集团）公司、上海戏曲艺术中心与上海市戏剧家协会联合主办了“2016 上海国际汤显祖·莎士比亚戏剧节”，上海话剧艺术中心、上海昆剧团作为主要承办方，举办了以汤显祖、莎士比亚作品和人生为主题的“汤莎戏剧作品展演”，汤显祖全本《临川四梦》世界巡演，“汤莎高峰论坛”及讲座。上海戏剧学院的“上戏有戏”——纪念莎士比亚系列活动，推出了多部莎士比亚剧目，如越剧版《仲夏夜之梦》、昆曲版《夫的人》、木偶皮影剧《哈姆雷特》、提线木偶剧《驯悍记》、京剧《王子复仇记》、上戏研究生版话剧《罗密欧与朱丽叶》等，以及创意造型秀《着色》，通过现代时尚的方式，表现莎士比亚时代的欧洲古典戏剧盛景。上海芭蕾舞团的《哈姆雷特》、上海滑稽剧团的《仲夏夜之梦》，也都有各自精彩的舞台呈现。上海市文广局、上海市文联和剧协以及各剧院团，都举办了纪念汤莎大师的研讨会座谈会。

本书结集的正是上海文化界戏剧界有关纪念汤显祖和莎士比亚活动的相关资料和研讨座谈的专家论文，从一个侧面反映了上海系列纪念活动的风貌。文集内容十分丰富，主要包括了“汤显祖·莎士比亚戏剧节”等纪念活动和演出活动的盛况，戏剧家们创作大师对经典剧目的体会和心得，研讨会座谈会上专家学者们对大师艺术成就的总结和当代传承发展意义的阐述，等等。可喜的是，通过本文集，我更看到了纪念和传承戏剧大师的美好未来。在系列纪念活动中，许多青年戏剧工作者积极参与其中，他们视野开阔，思维敏捷，致敬大师，大胆创新，为纪念活动增添了勃勃生机和活力。试以上海昆剧团为例。上昆经过长达一年的筹备，以汤显祖《临川四梦》完整版世界巡演的大团风范，以老中青“五班三代”同台演出的最强阵容，全面展示了汤显祖的伟大成就，传承和弘扬了汤翁精神；而五班三代同台演出，更突显了上昆的传承

昆曲演员上妆

有序和后继有人，令人赞叹。又如昆曲版《夫的人》，以昆曲演绎莎士比亚，从编剧、导演、音乐、舞美到表演，主创是中国剧协在上戏举办的五期高级研修班的青年学员，我很是欣慰。

上海是一个开放包容、文化多元的现代都市，演出和研讨纪念活动多姿多彩，戏曲、话剧、芭蕾等舞台样式丰富多样，国内外名家云集，青年学子也十分活跃。我很荣幸参加了有关纪念活动，连续四晚在国家大剧院观看上昆《临川四梦》全本的演出，有感而发撰写了文章。在上海剧协召开的纪念座谈会上，我也做了《多接触一些现实戏剧》的发言。文集中收录了我的文章和座谈会的发言。当然，我更期待，能将应时的纪念活动转化为对汤显祖、莎士比亚精神的长久传承和弘扬。

多年来，我国戏剧界在传承两位大师艺术精神上是有成就的，纪念活动也引起了我关于莎士比亚在中国、汤显祖和中国戏剧走出去的一些思考。

就莎士比亚在中国而言，大师作品被引进中国已经有百年历史，经历了从模仿到成熟的阶段。早年的模仿，包括摹拟外国人形象，拿腔拿调，唯恐不像，这是初级阶段。到了中国化、剧种化的演绎阶段，以把握莎剧精神、形象本质和做本土化演绎为要义，就已经进入了成熟阶段。而到了当下，“先锋”者已不满足于“演绎”，而是力求“超越”，掀起了新的时尚潮流。当然，所谓的“超越”，并不滥觞于中国，我们最早在国外的演出中时而就能看到，现代戏剧人追求对莎士比亚作品有新的“发现”和新的“表达”，发现莎士比亚作品更多的可能性，表达也可以“随心所欲”、自由发挥。不过，我们发现许多的新潮创作，看似演绎莎翁的作品，实际上已经远离莎士比亚，更多地是在演绎创作者自己。当然，“超越”何其不易，对于这类作品得失的评价，我想还是留给时间和未来吧。

莎士比亚作品的中国化、剧种化，从模仿到成熟，再到寻求新的超越，成就是突出的，也是需要认真总结的。中国许多话剧和戏曲院团都改编过莎士比亚作品，剧目主要集中在四大悲剧、四大喜剧，《哈姆雷特》《麦克白》则最为热门。就话剧创作莎士比亚作品而言，中国的话剧人从向国外话剧学习借鉴，到进而学习借鉴戏曲的美学风范和表现方法，寻求当下的创新，既是一种文化自信和自觉的进步表现，也往往更能激发出中国导演和

《牡丹亭》舞台照

演员的创造力和想象力，结合得好的作品总能给人耳目一新的感觉。当然，就莎士比亚戏曲创作而言，可能问题就更复杂一些，与相对较为生活化的话剧相比，戏曲需要“带着镣铐跳舞”，莎士比亚戏曲演绎则要受到“镣铐”的制约，而戏曲艺术的伟大恰恰也在这“带着镣铐”中见其独特和魅力。至于如何演绎、如何创造，莎士比亚的作品如何中国化、戏曲化，还需要戏曲界更多的努力和探索。近年来，根据莎士比亚《麦克白》改编，安徽省徽京剧院演出的徽剧《惊魂记》在国内外产生了很大的影响，在莎士比亚名剧的中国化、戏曲化方面做出了创造性的新探索。该剧首演于 2012 年，2013 年在第 14 届中国戏剧节上广受称赞。2016 年，应邀参加英国爱丁堡国际艺术节的演出，连续三天在莎翁的故乡倾情演绎，给西方观众带来了“麦克白的全新体验”。2017年7月，又应邀在西班牙召开的国际戏剧协会（International Theatre Institute）第35届世界大会的主会场演出。

当然，汤、莎大师的纪念，让我更多地思考汤显祖及中国戏曲走出去的问题。这倒不是因为我是中国戏曲研究的学者，其中的一个重要原因是，这是一次在国际上传播和弘扬中华文化和戏曲艺术的极好机会。汤显祖和莎士比亚逝世后的四个世纪，莎翁的影响遍及全世界，而汤翁的国际影响却远逊于莎士比亚，这与英语和西方文化在全球的强势地位等因素不无关系，但也与我们自身文化自信的失落和对汤显祖重大价值认识的不到位很有关系。形成鲜明对比的是，即使是莎翁影响如此之大，2012年伦敦奥运会举办期间，英国还邀请了30多个国家的剧团前去演绎莎士比亚作品。当然，改革开放以来，随着我国综合国力的提升，国际文化交流的频繁，以《牡丹亭》为代表的汤翁名剧开始更多地走出国门，海外观众已经领略到东方传统戏曲的无穷魅力。

汤显祖是我国伟大的文学家、戏剧家和思想家，他的《临川四梦》代表了一个时代以及我国戏曲创作的最高成就。四百年来，他的“四梦”一直传唱于我国戏曲舞台，尤其是《牡丹亭》一剧，包括昆曲、京剧在内的各个剧种几乎都有演出。2016年，为纪念汤翁逝世四百周年，全国许多剧团重排汤翁剧目，尤其是上海昆剧团排演了完整版《临川四梦》，并展开世界巡演，扩大了汤翁和戏曲艺术在国际上的影响。

不过，我们还要看到，以往汤翁在国际的影响逊于莎翁，也有世界各国对戏曲艺术比较陌生的原因。作为有着独特的创作理念和表现方法的东方传统戏曲文化，传承着中华文化基因，彰显着中华审美风范，在世界表演艺术领域是独树一帜、极富魅力的。但是，外国观众对于戏曲艺术并不了解。我们纪念汤翁和莎翁两位戏剧大师，就应该把握这一弘扬中华文化、传播中华戏曲的大好机会，做好传播戏曲艺术的基础和普及工作。当代中国的舞台艺术除戏曲以外，话剧、歌剧、音乐剧等都是舶来品，而外国人对中国舞台艺术最感兴趣的恰恰是中华戏曲，不了解的也是戏曲。戏曲与话剧、歌剧、音乐剧等西方舞台艺术既有着演绎故事、创造人物、传达思想及情感的共同点，又在审美风范和表现方式上有着很大的差异性，如果对戏曲之美及其审美不了解、不熟悉，自然就不知道戏曲美在哪里，好在何方。显然，戏曲的欣赏正在于要懂戏曲独特的表现方式，要懂得戏曲的审美风范，要知道看戏曲与看话剧、看歌剧、看音乐剧的差异所在，让外国人跨越欣赏戏曲艺术的门槛，做东方传统戏曲文化的知音。

国际戏剧协会（ITI）是当代世界最大的表演组织，2011 年在中国厦门召开第 33 届世界代表大会时，大会的主题正是“戏曲之旅，文化交融”。近年来，我们积极参与国际戏剧协会执委会的工作，既感受到当今国际戏剧舞台仍然是西方舞台艺术占据主导，同时更体会到中国戏曲走出去的重要性和迫切性。2016 年 3 月底，我们首次在中国广州举办国际戏剧日，同时举办了首届亚太地区传统戏剧论坛，纪念汤显祖和莎士比亚逝世四百周年，演出汤翁和莎翁名剧，并在国际戏剧协会发起成立了国际传统戏剧论坛。在 2017 年的 6 月，国际传统戏剧论坛首次会议在中国银川召开。7 月，在西班牙召开的国际剧协第 35 届世界大会上，我们在大会主会场举办了中国戏曲展演并开设工作坊。这些工作的开展，都是为了创建传播中华戏剧的交流平台，扩大戏曲艺术在国际上的影响。我相信，经过大家的共同努力，汤显祖和东方传统戏曲文化一定能够更好地唱响全世界。

文 / 季国平

2017 年 10 月 6 日完稿于扬州

第一辑

昆曲《临川四梦》

臨川四夢

牡丹亭

《临川四梦》为纪念汤显祖献上厚礼

“因情成梦，因梦成戏”。明代伟大的戏剧家汤显祖凝聚毕生心血创作的《临川四梦》以其深邃的思想内涵，成为人类戏剧作品中的瑰宝。《临川四梦》演绎纷繁世间事，无论儿女情长，还是社会风情，都蕴含丰富的美学价值，更是中华民族灿烂文化中一颗夺目的明珠。

2016 年正逢东方戏剧大师汤显祖逝世四百周年，在热闹而隆重的各种纪念活动中，上海昆剧团四部大戏

《临川四梦》以其优异的演出质量、完整的人文概念和精美的舞台呈现独树一帜，成为献给汤显祖大师最好的一份礼物。

深厚积淀　十年磨一剑

对于《临川四梦》，上海昆剧团始终恪守"尊重原著、敬畏经典"的创作态度，具体四部大戏则采取了不同的做法。《牡丹亭》经典淬炼，《邯郸记》再次传承，《紫钗记》修改复排，《南柯梦记》全新原创。从昆大班老艺术家的亲自把关，到昆三班中生代挑大梁，再到昆五班放手一搏飞速成长。四部大戏充分彰显了上海昆剧团雄厚的实力和扎实的人才基础。《临川四梦》世界巡演共计48场，国内有北京、上海、广州、深圳、济南、贵阳、昆明、南宁、香港等九个城市，捷克布拉格、比利时布鲁塞尔和美国纽约等海外城市。《临川四梦》的声名随着上海昆剧团坚定踏实的步伐而远播世界各地，汤显祖的作品从未如此广泛而具体，真实可鉴，光彩照人。

追溯以往，用"十年磨一剑"这句话来形容上昆《临川四梦》的孕育丝毫不为过。京昆艺术大师俞振飞为上海昆剧团留下了宝贵财富，《牡丹亭》从俞言版到典藏版，经典作品在时间的淬炼下更加光彩照人。2005年以计镇华为首的昆三班主演的《邯郸梦》群星璀璨，成为上昆的代表作之一。2008年黎安、沈昳丽主演《紫钗记》青春靓丽，充满了勃勃生机。2016年，最年轻的"90后"昆五班在昆曲艺术家蔡正仁、张洵澎手把手地呵护下，勇敢肩负重任出演《南柯梦记》。至此，《临川四梦》终于在上昆手里实现了一气呵成，"四梦"终圆。

激活传统　复活经典

《临川四梦》中除了《牡丹亭》版本较多，其他三梦都仅有少数折子戏传承下来，目前为止上昆是唯一一家把《临川四梦》整理恢复后一起搬上舞台的剧团。中国艺术研究院戏曲研究所原所长王安奎表示，只看折子戏不能全面了解昆曲，只看一部《牡丹亭》不可能全面了解汤显祖，上昆《临川四梦》的上演"让我们对汤显祖有了更全面的了解，也对昆曲丰富的内涵有了更深的理解"。中国戏曲学院原院长周育德也表示，折子戏是"老祖宗一代一代锤炼"留下的宝贵财富，因而传承折子戏非常重要，但对于现在的观众来讲仅仅上演传承

《南柯梦记》舞台照

折子戏似乎已经不能满足他们的需求了，挑选一些优秀作品恢复它们的“整体面貌”是一个很好的选择，上昆《临川四梦》的成功“复活”为各院团提供了宝贵的经验，希望有更多曾展现在昆曲舞台上的作品可以整体“复活”。

本次《临川四梦》四部大戏的舞美也颇有看点，采用简约的“一桌二椅”搭配清代古版画为背景，回归到了传统戏曲的写意、唯美、大气的审美风格，所到之处倍受赞誉，被视为这是向“传统审美情趣的致敬和回归”。为了保证四个晚上一气呵成观剧，上昆突破了常规的舞美思维，创造了“四梦一景”的舞美方案，以彰显汤显祖文学性为主题，又起到了“四梦”个性与共性相统一的得体效果。

社会效益和经济效益双丰收

《临川四梦》在纪念汤显祖逝世四百周年这一宏观历史主题下首次完整上演，其深远的文化意义必将持续

《临川四梦》演出获得成功

发酵扩散。《临川四梦》不仅圆了昆曲人的一个梦，一个向先贤致敬、守望经典的梦，而且取得了市场效益和社会效益的双丰收。《临川四梦》一经问世，便在商业演出市场上供不应求。2016 年 48 场世界巡演创造了上昆历年同一项目商业演出的最高纪录。6 月在广东首先开启的 4 个城市巡演 10 场轰动一时，广州大剧院单场 1700 座，四场演出平均上座率超过 90%，总票房收入一百万元，打破了广州大剧院有史以来的戏曲演出票房纪录。北京国家大剧院四场演出也是票房火热，《牡丹亭》全部售罄，其余三部也出票超过 9 成。在云南贵州，《临川四梦》打破了昆剧在当地的“零”纪录，让优美的昆腔雅韵在云贵大地做了最好的传播。

大江南北，《临川四梦》受到了相当高的礼遇。观众发自内心的热爱，让上昆人充分认识到“正是中国传统文化的强大气场，让《临川四梦》散发出无法抗拒的魅力。每一个昆曲人都应当从《临川四梦》中体会到这份职业带来的尊崇”。上海昆剧团将以复排《临川四梦》为契机，继续加强传承工作，特别是对传统戏码的挖掘整理，在人才培养上给中青年演员更大发挥的空间，为把整个团队的整体战斗力提升到新的台阶持续努力。

文 / 谷好好

传承汤翁旨趣　彰显当代审美

——评上海昆剧团全本《临川四梦》

2016年恰逢汤显祖和莎士比亚这两位东西方戏剧大家逝世四百周年。前不久，上海昆剧团以汤显祖《临川四梦》完整版世界巡演的大团风范，以老中青五班三代同台的最强阵容，全面展示了汤显祖的伟大成就和上昆出人出戏的重要成果，令人赞叹。连续四晚的观看，愉悦过瘾，也感慨于此次演出的历史价值与现实启发。

其一，全本演出，完整体现。当前能够演出昆曲《牡丹亭》的剧团很多，有实力献演《临川四梦》完整版的院团，上昆恐怕是第一家。我以为，昆曲艺术传承发展到今天，全本演出或者说完整版演出有着特别的意义和时代价值。新时期以来尤其是近年，昆曲演出似乎再次进入全本时代。昆曲经典剧目在流传中出现从全本到折子戏再到全本的过程，是一个十分有趣的现象。折子戏是原剧的精华，是原剧戏剧性较强、舞台效果较佳的部分，表演也最为灵活自由，从全本到折子戏是一个由冗杂至精粹的过程，也是昆曲表演艺术的创造性发展，昆曲大量剧目是靠折子戏传承下来的。可以说，全本能见经典的全貌，而折子最见经典的精神。

当然，究竟是演全本还是演单折，取决于时代和观众。当下全本的再度流行，正是社会和艺术发展的需要。当观众对经典很熟悉，想要撷取精华时，需要折子；当

全本已经不为当代人特别是青年人所熟悉时，全本自然又成为当下的需求。《临川四梦》的完整演出，既有利于当代青年观众全面完整地了解汤显祖的艺术，更有利于汤显祖在国际戏剧舞台的传播和影响。

其二，五班三代，传承有序。昆曲传承首先要有代表性传承人。上昆是我国当代最具实力的昆剧团，有过俞振飞这样的领军人物，也有过五位艺术家共同荣获戏曲梅花奖的佳话，近年来还有谷好好、黎安、吴双等青年演员获得梅花奖殊荣。《临川四梦》以老中青五班三代同台的最强阵容，全面展示汤显祖的四部作品，突显

《紫钗记》舞台照

了上昆一直以来对传承的高度重视，也展示了传承的积极成果。

据介绍，作为上昆的保留剧目《牡丹亭》，俞振飞、言慧珠首演于 1957 年。“俞言版”后来传给了蔡正仁、张洵澎等，再经其言传身教催生了一批批后来者。此次“昆大班”老艺术家蔡正仁、张洵澎、梁谷音，“昆三班”黎安、沈昳丽、余彬及上昆优秀青年演员罗晨雪，“昆四班”胡维露，“昆五班”张莉、倪徐浩等，老中青三代同台。《邯郸记》原由“昆坛第一老生”计镇华领衔，此次上昆结合学馆制，由计镇华老师亲授，同时特邀上海京剧院的蓝天加盟，和“昆四”“昆五”的老生演员一起推出传承版。《紫钗记》由梅花奖得主黎安和上昆优秀闺门旦沈昳丽联袂主演。《南柯梦记》一直很少演出，遑论完整，这次创排对全剧主要故事和人物做出完整呈现，并全部由“昆五班”一批20岁左右的学员担纲，殊属难得。

戏曲艺术在传承上既有舞台艺术的共同特点，更有自己的特殊性，这就需要师徒传承，需要言传身教，需要耳提面命。《临川四梦》的创排，就是一次当代戏曲传承最好的范例，上昆“师带徒”“学馆制”等传承有序、传承有效的成功经验和做法，是值得深入总结的。

其三，不丢精髓，返本开新。更为可贵的是，上昆《临川四梦》的完整版演出并不是对汤显祖时代原本的简单复活，也不是折子戏的简单叠加，而是对原著整体精神的再现和当代审美的再创造。

昆曲艺术作为积淀了中国戏曲美学精神的古老剧种，传承什么、如何传承是关键。汤显祖的《临川四梦》虽然每一部都写到梦，但传递的不是“人生如梦”的幻灭，而是“梦如人生”的执着；不是“痴人说梦”，而是倾心寄托着先行的独醒者的情怀与追求，寄寓着他对社会现实的批判和对美好未来的理想。《牡丹亭》问世不久，就有人对原作进行改动，引起汤显祖的不满：虽是增减一二字以便俗唱，却与我原作意趣大不同了。《临川四梦》讲求一个“情”字，“情”借助“梦”而编织成“戏”，“戏”透过“梦”而表现为“情”，“情”正是“四梦”的出发点和归宿，是贯穿汤翁全部作品的一根主线。显然，继承汤翁的戏曲遗产，首先要传承的正是其艺术旨趣和美学精神，这也正是中华戏曲审美风范之所在。在这一点上，《临川四梦》做到了。

上昆尊重传统，但并不保守——上昆同样重视发展和创新。记得当年蔡正仁讲到四本《长生殿》时曾说：昆剧要时尚但不要时髦。这是很有道理的。戏曲本来就是时尚的艺术，明代王骥德讲“声腔每三十年一变”，戏曲艺术一直随时代而发展和前进；经典是昨日的流行和时尚，具有再度流行和时尚的潜质。经典在当代的重新流行，需与新时代同步、与新时尚结合，与当代观众审美情趣相契合。

纵观巡演版《临川四梦》，其在这方面的成绩也是比较突出的。首先，对原著做了合理的调整和缩略。从当代剧场艺术的规定性来看，剧本要更集中、更严谨；从当代人的生活节奏来看，要在保留原著精华的同时，对原著枝蔓处加以删减，让人物更鲜明、更感人。更重要的，完整本虽然是缩减版，但把握住了原著精髓，并加以当代呈现。以“四梦”中王仁杰编剧的缩编版《邯郸记》为例，不仅撷取原著精华，而且极为妥帖地观照当下，剧场观演效果颇佳，非常“时尚”。其次，突显戏曲以表演为中心的审美风范。《临川四梦》的每一台剧目都尊重和传承昆剧的表演传统，并具体化为舞台形象的塑造，青年演员表现出色，老一辈艺术家的表演更是炉火纯青。有节制使用的现代技术手段、极简约的舞美灯光，为艺术家充分展示表演才华提供了充裕的空间。此外，非常重视舞台总体节奏的把握和驾驭。仅演出日程的编排就大有讲究：四天的演出从剧情上大致涵盖了仙、侠、佛、情；第一天以老生挑梁，第二天生旦并重，第三天由青年担纲，最后以老中青三代倾情亮相，天籁之音不绝于耳。就每一出戏而言，既充分突显各自的思想和艺术特点，又十分注重舞台节奏的准确把握，观众得以直接感受到戏剧情境的层层递进，人物命运的跌宕起伏，舞台节奏的张弛有度与昆腔艺术的美妙动听。

文 / 季国平

昆曲演员准备上妆

《临川四梦》，年轻的昆曲梦想

2016年正逢汤显祖逝世四百周年，上海昆剧团将汤显祖的四部戏剧作品《紫钗记》《邯郸梦》《牡丹亭》《南柯梦记》全部搬上了舞台，并进行了世界巡演。这不仅是我们对这位伟大戏剧家的纪念和献礼，也是整个昆曲界的一件大事。上昆因此成为目前全国唯一一家可以创作、演出全部《临川四梦》的昆剧院团，意义重大。

上昆的《紫钗记》从2008年就开始创排，八年后的这次复排演出，怎么改是一个问题。经过郭宇和张铭荣两位导演的反复讨论，决定把《怨撒金钱》一折从北曲改回南曲，找回了霍小玉柔弱的本性。修改之后的演出很成功，好几场戏都令观众印象深刻。《邯郸梦》是在2005年搬上舞台的，剧本由王仁杰执笔缩编，由已故著名导演谢平安执导，张铭荣任副导演，计镇华主演，梁谷音、方洋、刘异龙等都参与了演出，可以说是名家荟萃。这次传承的两位主演，一位是上海京剧院的蓝天，一位是上昆“昆四班”的张伟伟。剧中其他角色由上海昆剧团的三四五班演员一齐上阵，接过老师们的衣钵。通过严谨的传承和复排，这部剧的演出效果也很不错。而《牡丹亭》则是上昆长演不衰的经典剧目，最早可以追溯到1957年上昆首任团长俞振飞与京剧大师梅兰芳合作的电影《牡丹亭·游园惊梦》。20世纪80年代上昆改编演出过全本七场的版本，以及全本六场交响乐的版本，到1998年还排演过三天三夜、五十五折的全本《牡丹亭》。之后，上昆还演过三本、两本、典藏版等各个《牡丹亭》的版本，留下了很多的经典，也培养了一代代的昆曲人。

《南柯梦记》则是2015年3月全新创排的。虽然在之前2008年就已经演出过印象版《南柯记》，但这次要创排完整的大戏，难度还是非常高的。从前我们认为汤显祖的《南柯记》情节主要为佛教内容，虚无缥缈，难以理解。而我们昆曲比较熟悉的只有传字辈老师教的“花报”和“瑶台”两折，前者是花旦戏，后者是闺门旦的戏，全是以唱腔为主的。若是要演出全本，主角就是小生，但在这两出传承的折子戏中，小生都不是主要人物。所以我们原先对淳于棼这个人物很陌生，也没有人想过要挖掘重排。三年前，江苏省昆剧院要排施夏明和单雯主演的上下两本《南柯梦》，是由台湾的陈先生出资的，导演、舞美、灯光、服装等也都是台湾的，请了我和张继青担任艺术指导。创作之初很困难，排了好几个月，后来在台湾首演成功。这使我对《南柯记》有了全面的了解，改变了我最初的看法。这部戏也可以排成一部十分好看的昆剧。

我们团里前“三梦”都已经排演了，只少这“一梦”。团领导找我和张洵澎做艺术指导，由沈斌、沈矿父子做导演，进行《南柯梦记》的创排，明确说明演员要以“昆五班”为主。男主角卫立是我的学生，由我对他进行唱念的辅导。女主角蒋珂则由张洵澎对她进行辅导。我们做这部戏不想和江苏省的昆版雷同，要做出自己上昆的特色。我们成立了自己的技导小组，按照前三梦的时长，把《南柯梦记》也压缩在一晚上演完。而“昆五班”的学生们刚毕业不久就要接手这样冷僻的大戏，这是一个大胆的决定。《南柯梦记》与《邯郸记》比较像，但更难懂，演员们都下足功夫，在人物和情节上进行了深入地分析。在排演中，他们非常刻苦，也发现了不少问题，有些是他们在戏校学习时的薄弱环节。通过排演新剧目，发现不足，加以练习弥补，对他们今后演传统戏也有促进和提升。通过这次排演，这批演员都有了明显的进步。我们只排练了两个月，演出效果令人满意，超出了我们的想象。这也是我们上昆难得的经验，对于以后排演新戏和培养新人，非常值得借鉴。

“昆五班”的这批学生，他们在《南柯梦记》中一步一个脚印，一招一式，从唱念做打各个方面进行了锻炼提高。做演员最重要的就是实践，演员的成长是脚踏实地、摸爬滚打练出来的。相信随着舞台实践的不断增加，一定可以造就这班年轻有为的昆曲新一代。我们以“学馆制”的手法教学，表面是在教戏，实际上是在帮他们进一步打基础。通过这次排演大戏，我们进一步发现了学生们的才能，学生也逐渐领悟了老师的意图。由“昆五班”主演《南柯梦记》无论是从当下还是从长远来看，都有非同一般的现实意义，起到了事半功倍的作用。

《南柯梦记》除了我、张老师还有导演沈斌三个人之外，其他主创人员都很年轻，这是我们这部戏的突出特点。年轻人当主演符合时代发展的要求。“昆五班”是改革开放以来，昆曲界破天荒的第一届大学本科毕业生。以前我们戏校毕业都是中专学历，如今已不能满足昆曲发展的需要了。“昆五班”经过六年的中专，四年的本科学习，学满了十年。《南柯梦记》从排演到演出只花了两个月时间，这与他们的文化底子有关系，他们对剧本和表演的理解能力很强。卫立、蒋珂是昆曲年轻一代的代表人物，他们十年的学习积累，再加上排演新剧目的集中攻克，成就了这一台大戏。他们两位的努力演出可圈可点。虽然刚毕业不久就要求他们能够自己塑造角色还存在不少困难，但能把这部大戏精彩地演下来，就已经超过我们当年同年龄时的成绩了。他们这个时代，比我们当年有更好的机缘，今年他们还要演四本《长生殿》，难度比“四梦”更大。我非常期待他们的演出，相信他们的表演水平一定能更上一层楼。

这次《临川四梦》的排演，丰富了上昆的演出剧目，集中展现了上昆的实力。《南柯梦记》演出后，在第27届上海白玉兰戏剧表演艺术奖的颁奖典礼上，卫立得了新人主角奖，蒋珂得了新人配角奖，比我们预想的还要好，也证明了他们是有能力挑大梁的。上海京剧院的蓝天也因为《邯郸记》的演出，得到了白玉兰戏剧表演艺术主角奖。今年，沈昳丽更是通过《紫钗记》的演出获得了中国戏剧梅花奖。她到上昆已经30年了，这次得奖也很不容易。《牡丹亭》则是上昆老中青三代综合力量的展示。《临川四梦》到广州演出时，广州大剧院1800个座位，居然座无虚席，“供不应求”。

《临川四梦》，承载了我们振兴昆曲的梦想，也把我们这批最年轻的昆曲人推向了全新的舞台。我相信，在今年《长生殿》的巡演中，我们也

《紫钗记》舞台照

会取得喜人的成绩，进一步展示出昆曲新一代的实力和风采。

文 / 蔡正仁

气贯长虹曾有一疏惊魏阙
情缘大道更成四梦感人寰
——纪念汤显祖逝世四百周年

1616年，东西方剧坛两颗巨星在同年陨落，英国的莎士比亚，中国的汤显祖，他们虽然已远离人世，但他们依然活在今天的舞台上，活在我们的心中。

1550年，汤显祖诞生在江西临川的一个书香世家。他年轻时即显露才华，21岁乡试中举。此后因为不接受权相张居正的延揽，会试受挫，34岁才中进士。此后在“留都”南京担任闲官八年，始终保持正直的节操。万历十九年（1591年）的三月及闰三月，天空似乎出现异常星相，被视为不吉之兆，神宗皇帝将上天“示警”怪罪于科道诸官。汤显祖为此甚感不平，上了一道《论辅臣科臣疏》，揭露申时行等权相、佞臣僭夺权柄、阻塞言路、徇私舞弊而败坏朝纲的行径，希望皇帝明察朝政、整顿纲纪、切责辅臣、罢斥不法科臣以儆效尤。此一疏不仅深刻地针砭了万历朝政的痼疾，也充分显示了作者的忧国之心与治国之志。由于此疏中对辅臣科臣的无情抨击，而且犯颜直谏，遂使朝廷震怒。于是把他贬斥到偏远的徐闻县做典史添注（典史是县令属下的小官，添注是后补备用）。汤显祖的这一篇奏疏，正气浩然，威震官场，是他人生中的一大亮点。《明史·汤显祖传》有大半文字就是抄录、介绍此疏，可见影响之巨大。

《临川四梦》舞台现场

在往赴徐闻的南国壮游中，汤显祖写下了大量绚丽神奇的诗文，这为他后来的戏剧创作提供了丰富的营养。万历二十一年（1593 年），他被调任浙江遂昌知县。在这个山区小县任官五年，他兴教劝学、扶持农桑、抑制豪强，而且力阻朝廷以开矿为名搜刮民财。他真的是“为官一任，造福一方”，其良好的官声闻名于两浙，也因此深得遂昌乡民的爱戴。在汤显祖之后来到遂昌任职的官员，常常以汤显祖为榜样，清初曾有知县为他建了遗爱祠。至今，遂昌人民依然十分怀念他、热爱他，新建了遗爱亭来永远纪念他。

万历二十六年（1598 年），汤显祖弃官回乡。在归隐乡居的 18 年中，他甘守清贫，专心从事戏曲、诗文创作。万历四十四年（1616 年）夏末，一代英才汤显祖与世长辞，终年 67 岁。

汤显祖的一生，处于明代中后期的社会变革之中。

当时正在高涨的“异端”思潮、革新思想以及儒、释、道等各种思想都曾不同程度地影响了他。因而他的思想精神世界既是复杂的，也是丰富多彩的。各种思想不仅明显地体现在他的作品中，也在他的表演、导演理论中留下深深的印迹。所以说他是一个有独特个性的思想家、作家与批评家。他的文艺思想强调创作者主观因素在创作中的作用，猛烈冲击那种以图解封建伦理观点为己任的概念化创作流弊以及各种墨守成规的陈腐之见，表现出超凡绝俗的独创性和批判性。

汤显祖曾自称为“言情”派，他笔下的“情”，既宣扬了人情存在的绝对合理，也宣告了人格、个性的不可侵犯，同时表现了戏曲创作超越时空界限的巨大力量和极大自由。在艺术创作中，他寻求表现自我，表现人的欲求、奋搏与归宿，表现作家的情思、人格与精神。因而，他的创作理论及作品就充满了哲理性、主观战斗性和个性。这种精神，从明中叶徐渭狂放不羁的文学创作中继承下来，在《临川四梦》中得以极大发挥，并有力地推动明末清初的传奇创作与戏曲理论的发展，其影响一直延续到清代以后。

汤显祖一生学殖广博，著述丰赡，于诗词文赋，无不精当。但是，他之所以彪炳史册并为后人所熟知和激赏的，主要还是他的戏曲作品。他所完成创作的《紫钗记》《牡丹亭》《南柯记》和《邯郸记》，因其中都有梦的情节，所以被合称为《临川四梦》或《玉茗堂四梦》。这四梦，前二梦《紫钗记》和《牡丹亭》讴歌人间至爱至情；后二梦《南柯记》和《邯郸记》揭露官场黑暗，感叹“人生如梦”。汤氏曾自称：“一生四梦，得意处惟在《牡丹》。”《牡丹亭》是汤显祖戏剧创作的最高成就。《牡丹亭》全剧五十五出，上半部分写杜丽娘因情而死，后半部分写杜丽娘还魂重生，全剧表现了爱情超越生死的伟大力量。汤显祖在《牡丹亭》中抒发了“至情”女性杜丽娘热爱自然、热爱青春、追求幸福、追求美好的纯真情感，深切地传达了传统社会中被束缚被压抑的女子的心声。在杜丽娘身上所体现的对封建礼教的冲决和对自主爱情的追求精神，数百年来，一直深深地感动着广大受众。杜丽娘的“梦”，曾引起后世许多年轻女子的情感共鸣。至今，《牡丹亭》依然是昆剧常演常新的剧目，而且享誉海内外。

继《牡丹亭》之后，汤显祖又连续写出了“后二梦”《南柯记》和《邯郸记》。“后二梦”分别以人们熟知的南柯梦、黄粱梦为题材，通过淳于棼、卢生荣辱兴衰的一生，写尽了封建官场尔虞我诈、相互倾轧、贪污腐化的种种丑行。从“后二梦”中可以看出，封建社会黑暗体制下的官场是一个大染缸，它把踏上仕途的读书人染成肮脏色。在这些当官的士子身上，善情退而恶情长，最终堕入“极恶”之境地而不能自拔。“二梦”还写尽了仕途的凶险。在当官的路上，到处潜伏着危机，成败浮沉，不可预料，一切都是荒唐颠倒的，不可理喻的。可惜在名利场中奔逐之人，往往利令智昏，不思进退，只有当他们遭受灭顶之灾时方有所惊悟。后二梦深刻而又生动地揭露与讽刺了封建社会的科场、官场，这正是汤显祖对一二十年来官场经历的反思，同时也是他对人生的一大彻悟。人世既然已无可救药，何不彻底放弃呢？这时，宗教意识就自然起作用了。走向彼岸，这是人生无路可走时幻想中的一条“出路”。汤显祖笔下的后二梦人物，最终只能选择这一条路。

所以，若仔细体味临川之笔，我们还是可以看出，汤显祖对于在功名之路上拼力挣扎的士子是怀着普遍的同情与怜悯的。《紫钗记》中的书生李益以自己的德才在仕途上努力，却无故遭受权势的迫害。《牡丹亭》中纯情的柳梦梅长期贫寒困顿，勤政为民的杜宝却遭逢家庭悲剧。《南柯记》中曾建功立业的淳于棼最终授人以柄，前功尽弃。《邯郸梦》中在官场弄权营私而历尽宦海风波的卢生，无异于自掘坟墓，终究难逃作为牺牲品的命运。我们在这里可以真切地感受到作者对现实人世的彻底失望与决绝态度，同时也可以感受到他关怀人生并总是希望救助人生的博大的悲悯情怀。

《临川四梦》就以如此深刻丰富的思想精神，感人至深的情感力量及其无与伦比的艺术魅力，赢得了一代代读者、观众的热爱。而对“四梦”的研究也就随之而起。这种研究包括理论批评、评点改编等许多方面。三四百年来，研究从未间断。在历史上曾有三个较为活跃的阶段。第一个阶段是在“四梦”问世之初至明朝末年的近半个世纪间，这个阶段的重点是对剧本的评论，可以称之为“剧本论”。第二个阶段是在明末至清前期，主要是对“四梦”的改编以及对表演和演唱的探索，可以称之为“演唱论”。第三个阶段则是在 20 世纪 50—60 年代初，重点在研究《牡丹亭》其剧本的主题思想及其社会意义，可以称之为“社会论”。

这三个阶段，可以说是“汤显祖研究”史或“汤学”史上的三个重要时期。“汤学”史中有许多重要篇章，曾对后世产生过影响与启示。但显然是不完备的。虽然论著不少，但大多只是围绕在对“四梦”本身，特别是集中在对《牡丹亭》的评论上，这种评论偏于表层，而且有“众口一辞”的倾向。而对汤显祖作为作家的个人经历以及当时的社会思潮、社会心理，其研究明显不足，对汤显祖的其他作品，如诗赋等更是很少研究，而且研究的角度也比较单一。可以说，这三个阶段过去之后，汤显祖研究显得停滞不前。

转机出现于1982年，以江西的汤显祖纪念会为转折点，汤显祖研究又掀起一个新浪潮。当时的研究内容面大为拓宽，研究角度、研究方法也多有突破，一大批很有分量的新成果陆续面世。从1982年至今，对汤显祖的研究可谓方兴未艾，而且，一些颇具规模的研讨活动在浙江遂昌、江西抚州、大连、上海、香港、澳门等地一个接一个地举办，盛况连连。一门真正意义上的“汤学”事实上已经展示在我们眼前。在研究不断深入与拓展的同时，汤显祖及其名著《临川四梦》在国际上影响也越来越大，《牡丹亭》的歌声舞影正随着中国昆曲的悠扬笛声在全世界的舞台上尽情展现。2016年，上海昆剧团复排汤显祖的《临川四梦》，把“四梦”以昆剧的形式完整搬上舞台，引起海内外的热切关注，带动了汤显祖研究热潮。对此，我们充满期待。

文／叶长海

昆曲演员在表演

深情的痛苦与“假实证幻”的精神超越

——汤显祖《南柯记》人文精神分析

“人生如梦”是中国传统社会对人生、对个体生命之于世间存在关系的理解和认知，是最有影响力的一个思想观念，并且带有生命母题一样的色彩。汤显祖的《南柯记》就是借用这个具有母题意义的思想观念，以人物的内心活动为视像，展现人物的意识流动和真实心理，形象地表达了自己在世生命的深切感受和哲理思考。

可是，以往关于《南柯记》的解读，居于主导地位的是“佛觉说”，即淳于棼因佛法而开悟的认识。显然这是对汤显祖创作的这部剧作的误读。汤显祖固然在戏中写了僧人契玄法师这条线，但是，契玄法师不过是戏剧中构成情节的人物，这个人物所带来的情节，不是单纯地用于写契玄的，而是为了淳于棼的思想活动设置的，是为淳于棼最后实现精神超越、自我完成做铺垫和牵引作用的。不限于此，历史上这几位名家画龙点睛式的评点，也大都是传统的、感性化的，如对于淳于棼因酒“被逐”的理解，淳于棼是山东东平人，为什么不在东平而客居扬州的追问，以及淳于棼因何梦入大槐安国的主观动机的认识，均缺少必要的心理探究和深层的精神分析。因此，还没能够真正揭示汤显祖在整部戏情节构成上运思的独特及其在设计上完成的思辨性的哲理用意。

我们看到，戏中的淳于棼，因醉酒而贻误战机，遭到革职。汤显祖没有告诉我们淳于棼醉酒的原因，那么，我们以淳于棼后来的行止即对现实的执着来观察猜想，应该是为某种事体的不满情绪所致。酒作为事像，从来都是精神化的，醉酒自有原因，不然这么重要的、作为导致情节发生的事件和情节展开的前因，怎么会是随便安排的呢！汤显祖无需对此有什么交代，我们可以推知。——剧中因此遭弃而落魄扬州的淳于棼，虽然是被弃者，但他并不甘心、也不情愿离开那个自己指望建功立业、赢得声名的营垒——为那里的梦想和追求，曾经寄予了他的一片深情。我们理解汤显祖塑造的这个人物形象：淳于棼是一个不肯退步的积极入世者，且自视甚高，正如他自评的那样，“人才本领，不让于人”——他是有本事的人；恰当风华正茂之年，卓尔不群，前途无量。他的人生理想和为之努力奋斗的目标，就是建功立业，功成名就，妻妾成群，锦衣玉食，权倾一方，众人景慕，荣华富贵。如今自己所努力奋斗的、期望的这一切都已经遥不可及了。而面对现实，更为严峻的是，自己的年龄已经到了“三十前后”的而立之年，“名不成，婚不就，家徒四壁”，每天只“守着这一株槐树”，生活是“冷冷清清”，心情是“淹淹闷闷”，于是，“想人生如此”样子，还“不如死休！”被弃后的孤独、苦闷和绝望笼罩着他，他有一种潜在的恐惧感。淳于棼这种入世而不得的内心感受，被透彻地揭示了出来，从中也让我们清楚地看到，这是淳于棼被抛弃后一个人面对这个世界必然如此的根本处境和心情，这种心情无以排遣，便只能借酒浇愁，用来打发日子，但也是内心实有不甘的表达。

淳于棼为群体所弃，是剧中的重大关目。如果说被弃前的淳于棼作为群体中的一员，那时他是在一个有着严格规范的体制里生存；这个规范的体制，剧中设计的是军队，也就是说，汤显祖把淳于棼所生存的体制其规范化的程度强调到极端——军队的整体化、规范化、等级化、理性化，是以消灭掉感性的个体生命自由的存在为前提的。因此，淳于棼醉酒的非理性行为，是感性个体对理性、规范的体制的破坏。于是他被这个体制驱逐出去抛弃掉，然而，在他被驱逐被抛弃的同时，他也获得了作为一个个体人的自由，以及自我发展、自我创造、自我完成的所有可能性。

可是，被体制抛弃了的淳于棼不

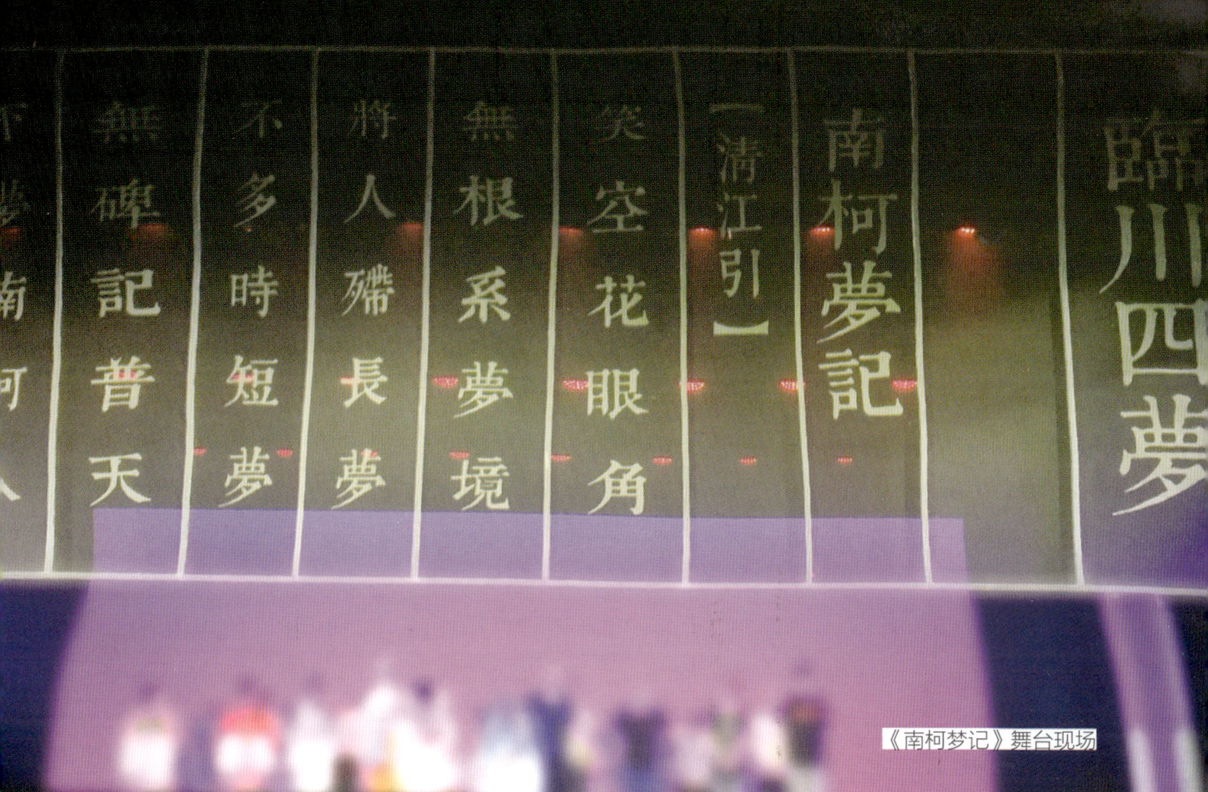

《南柯梦记》舞台现场

仅是作为血肉之躯的个体人被抛弃，他的精神寄托之地和心灵的归宿之所也就跟着丧失了。如今他是孤身一人面对这个世界；为了强化淳于棼孤身面对这个世界，剧中设计的淳于棼不是回到自己的故乡东平，而是客居异乡扬州，这就增添了孤身一人的淳于棼的孤独感：既没有精神上的归宿感和安全感，也没有家乡亲人热土的情感安抚和心灵的慰藉。对此，他描述说自己的境况是“四海无家”“群豪雨散”“门客萧条”“偌大的烟花不放愁”。无疑这是伴随自由而来的生活景象和当下心情。剧中淳于棼多次诉说自己的“愁”情，正是他离开那个主宰他的群体后，难以忍受的一个人孤寂和苦闷，心理失衡的表白。

《南柯记》中的淳于棼，是中国戏剧史上一个极具现代性精神品格的形象。正是淳于棼从群体里被赶出来而陷于孤独苦闷甚至绝望的境地，淳于棼作为一个有别于群体共在的独立、个体的人的存在便被彰显出来。我们知道，在社会群体中，社会群体的力量强大与否，取决于每一个具体的人即单独的个体的能力，因为社会群体是由每一个单独的个体构成的。而个体自身的发展充分与否，则取决于个体获得自由的程度，而人的最高需求就是人的自由。因此，个体自由的程度乃是社会进步的标志和历史前进的基础，也是人类发展的终极之境。于是，作为社会群体中共性存在的淳于棼和作为独立于社会群体的个体存在的淳于棼，其精神处境的突转和骤变，就成为弥漫于《南柯记》中“情”的痛苦和戏剧情节上深入思辨的编织。

随着情节的发展，淳于棼孤独、苦闷、绝望的内心情绪，在不甘于被旧营垒抛弃的心态下，他的意识深处、内心渴望回归而不得的抑郁之情，便在无以排遣的醉酒的苦闷中，主观情思转换为梦幻，意识流变为蚂蚁世界选婿的情节，在大槐安国，阅历人生、实现梦想——淳于棼现实的孤独、苦闷和绝望也便于此找到了深层的心理动机和依据。

进入大槐安国，这是一个寓意性的梦，意识中织就的理想。在大槐安国的蚂蚁世界里，淳于棼的用世之情沉浸其中，夙愿得以实现。他娶妻生子，飞黄腾达。如以驸马身份和夫人瑶芳公主的裙带关系得任南柯郡太守。在20年的太守任上，他推行轻徭薄赋政策，南柯郡物阜民丰，太平一方，政绩显著；他还大败檀罗国的来犯，保家靖边卫国，立下功勋，尊荣显贵，因而升迁入京。途中妻子突然病故，他的感情受到重创。在京城，由于权势日盛，恃宠放纵，终于在宫廷内斗中，失去荣恩，被罢官遣送回乡。可是淳于棼不愿离开这个给他荣华富贵的家国，他对蚁王的忠诚，对蚁后的孝敬，对子女的顾恋，还有对大槐安国未竟事业的挂牵……真是一份依依难舍、割不断的苦情、哀情和离情。

和《牡丹亭》的“情”不同的是，《牡丹亭》写的是杜丽娘的“至情”，而《南柯记》写的是淳于棼要从世俗凡情中抽出身，退出来、拔出去，其最高目的是实现自我超越，即从深情的痛苦中抵达自由之境，完成自我、实现自我，这是多么的艰难！但是，淳于棼终于幡然醒悟的是，瑶芳公主留给他的金钗犀盒是槐枝槐荚，这对淳于棼无疑是一个强烈的刺激——他由槐枝槐荚这个纪念物，一下子联想到整个梦境：那是自己现实的不如意

昆曲演员在后台

《南柯梦记》舞台照

而转换为一旦如意的人生追求的景象，虽然是压缩在一梦中，淳于棼由梦境悟到人生——现实革职，梦里升迁，友亡妻死，现实梦中，真幻一如，所有这些都在印证、都在说明、都在启悟的是：“人间君臣眷属，蝼蚁何殊？一切苦乐兴衰，南柯无二，等为梦境！”汤显祖对淳于棼出离精神困境而抵达自由之境的处理，至此完成的是一个情节上的哲理构成，《南柯记》因此成为不可多得的哲理剧典范。

文 / 张福海

邯郸道上黄粱梦

——记传承版昆剧《邯郸梦》

2016年7月由文化部主办的纪念汤显祖逝世四百周年优秀剧目展演活动在北京拉开帷幕。在这次展演活动中，有上海昆剧团集齐的《临川四梦》，有北方昆曲剧院的《牡丹亭》，有江苏省苏州昆剧院的青春版《牡丹亭》，有江苏省演艺集团昆剧院的《南柯记》。活动丰富、热闹非凡。在所有的演出剧目中，上海昆剧团的《邯郸梦》获得了无数赞誉，它是一出极其特别的戏。

《邯郸梦》太容易让人印象深刻了。它是此次活动中演出的第一个戏，为上昆、为整个演出活动赢得开门红。《邯郸梦》是汤显祖所写的唯一老生戏，上昆不走寻常路，打开大门，外请了上海京剧院的青年老生演员蓝天来担纲主演，这也是唯一外聘主演的戏，而且演员竟然还是跨行当演出。这出戏还有一个特别之处，就是它是唯一的一个传承版，其他的戏都是以青年演员为主体创排的。《邯郸梦》当初是以“国宝级”老艺术家计镇华和梁谷音为主创排的。《邯郸梦》是《临川四梦》中的最后一梦，在戏中，爱情退居其次，功名利禄、宦海沉浮成了主体。

《邯郸梦》故事非汤显祖原创，故事来源于沈既济所作唐代传奇小说《枕中记》。沈既济的《枕中记》不过区区1 500字，但却被汤显祖写成了三十出的传奇戏。

明末人王思任认为："《邯郸》，仙也"，剧中卢生梦中经历和他的释怀也是汤显祖的释怀，他在剧中糅进了自己对道家思想多年的研究与理解。

上海昆剧团演出的《邯郸梦》由王仁杰缩编，选取了原著中的《入梦》《赠试》《骄宴》《外补》《东巡》《勒功》《死窜》《召还》《生寤》九出，以卢生为绝对主角，首演于2005年5月逸夫舞台，是计镇华晚年的代表作，也伴随着他达到了艺术巅峰。在《临川四梦》的创排过程中，上海昆剧团根据上海市的"一团一策"适时推进《邯郸梦》的传承教学，结合昆曲学馆制的教学把人才梯队建设好。昆剧最重要的就是传承。幸运的是，四位年轻的演员传承了这出戏，他们也把握住了这个机会，成功饰演了剧中的卢生和崔氏。计镇华的表演风格是以人物塑造为目的，程式和表演手段都是为塑造人物而设。要想演好卢生很难，况又有珠玉在前。愈想演好，愈演不好，是模仿还是要超越，学戏和演戏过程中的酸甜苦辣个中滋味只有自己才知道。年轻的演员们有话要说。

老话都说"京昆不分家"，京剧和昆剧有很多地方都是相通的，并没有隔阂，也讲四声，也分尖团字。甚至很多京剧演员学的第一出开蒙戏就是昆剧，但一开始还是有很多人质疑京剧蓝天能否把昆剧唱好。蓝天倒是一直很自信，计镇华是他仰慕的"昆剧第一老生"，《邯郸梦》又是顾兆琳老师作曲，还有钱寅师哥吹笛拍曲，有师姐陈莉搭档，还有梁谷音老师提携演出，众人拾柴火焰高，如此这般，已是成功的基础了。在学戏的过程中，计镇华是逐字逐句地抠，手把手地教，导演张铭荣老师也是天天盯着蓝天练功学戏。经过半年的煎熬，蓝天版的《邯郸梦》在广州大剧院首演了。跟陈莉演出很默契，如果在台上地位偏了，两人手一握，就能感受到彼此的提醒。蓝天觉得梁谷音老师的眼神特别会说话，跟她演戏时，很容易被带进戏里。梁老师叮嘱蓝天，说他人瘦头小，表演千万不能加入多的动作，否则动作就会显得轻和飘。通过这出大戏他学到了很多东西，首先是学会演人物了，而不是只演行当。内心的情绪也能通过身段动作外化出来，眼睛里有了更多的内容。梁老师还说趁自己能动，可以陪蓝天演戏，蓝天对此非常感动。

有一段时间计老师身体不好，就请导演张铭荣老师盯着蓝天练功学戏。有一天计老师到了排练场，表情非常严肃地质问蓝天："走出来了！

昆曲演员准备上场

唱出来了？”把蓝天吓得不轻，还好他从不偷懒。陈莉也说蓝天特别勤奋刻苦，每天计老师上完课后，他都会在家里温课，计老师第二天准备上课的内容他都会提前预习，所以他的戏学得很扎实。一开始看见蓝天学戏排练时会戴一副耳机，陈莉还以为他不认真，一边学戏一边戴耳机听别的音乐之类，后来才知道原来他戴着耳机是为了录音，把老师指正的地方全部记下来，回家后再反复听，反复琢磨。也许正是这样的认真与刻苦，才成就了蓝天扮演的新一代卢生。

还有一名饰演卢生的青年演员张伟伟是上昆自有的，他觉得是自己华丽蜕变的过程，之前从来没有演过大戏，这次要演出《邯郸梦》压力也很大。在学戏的过程中，计镇华教戏很严格，扶着学生上马，但要求学生以最快的速度进入状态。张伟伟觉得学戏过程中自己对卢生这个人物的理解更准确也更细致了。而他和陈莉、张颋作为搭档演戏已经合作过很多次了，像《吴汉杀妻》《千里送京娘》《激秦三挡》《别母乱箭》《洪母骂畴》等等。大家又在一个团里，彼此非常熟悉。张伟伟说在演最后一场《生寤》卢生临死前，因为自己从来没有“死过”，所以怎么也找不到状态，那段时间都快被逼疯了，突然觉得人都空掉了可能才是卢生临死的感觉，然后戏就演顺了，越来越顺。

在张颋看来，剧中的崔氏从头到尾都没有太大的变化，伴着卢生年龄的由盛而衰，崔氏一直以年轻的面孔出现，除了服饰略有变化外，其他妆容并无改变。崔氏这个角色在剧中的戏份并不多，唱得也不多，但是她所有的唱腔音很高，速度又快，唱好不容易，但正是在这个唱腔中体现出了崔氏的性格。演崔氏，张颋最大的问题就是不自信。记得有响排的那一天上午，张颋看到计镇华和梁谷音坐在台下观看，心里便不自觉地打起鼓来，出场第一句打引子“偶然心上，做尽风流样”就没打好，以致计老师误以为张颋没嗓音条件唱崔氏，还就这个问题跟梁老师争执了几句。那天下午，计老师在楼下看到张颋在教小朋友唱戏，回头他又跟梁老师交流，说原来张颋的嗓子挺好。张颋说自己也纳闷，本来好好的嗓子不知道为何就在台上哑掉了，真的是要多演出，克服紧张的毛病。张颋说虽然崔氏戏份不多，但是看录像学只能学个大概，精髓的内容还是得靠老师口传心授。梁老师跟张颋分析，崔氏是一个富家女，可能还是一个官二代，卢生家贫，二人

《邯郸梦》舞台现场

虽为夫妻，但身份地位完全不一样，所以当崔氏面对卢生的时候她就有强烈的优越感。但崔氏与卢生，又不同于百花公主与海俊，也不同于杜丽娘之于柳梦梅，崔氏的性格爽快。当她劝卢生赴考时，完全没有新婚妻子对丈夫小鸟依人般的眷恋。后来求万岁赦卢生，赴法场救夫等，都不是寻常女子能有的胆量，崔氏也算得上是古代女子中的性情中人。有了对角色理解分析的这些基础，张颋对诠释崔氏的把握也越来越大。对于自己在昆明首演崔氏，她认为先把梁老师教的东西演好，就是最切实的传承目标。这次和张伟伟同时排这出大戏，基于以前的亲密合作，对手戏方面没有问题，但她觉得张伟伟的压力应该比较大，毕竟卢生才是戏中第一主角。

陈莉既和蓝天搭戏也和张伟伟搭戏。这次在北京和蓝天搭档时，陈莉坦言，自己当时压力蛮大的，因为是第一天演出，是上昆创排《临川四梦》在北京的首次集体亮相，尤其是之前计老师和梁老师合作把这个戏带到过北京，有很多上昆的老观众都看过这个戏。这次到北京演出就像是考试，生怕自己不能考满分，虽然自己会给自己加油，及格就好，但还是忍不住紧张。但在候场时就不紧张了，上台后就进入崔氏人物状态了，紧张感也就随之而去。崔氏是卢生的救命稻草，在卢生的梦里人生中扮演着重要角色，在卢生的每一步关键点上都起着决定性的作用，这是正旦中的典型人物，态度比较强烈。陈莉觉得蓝天已经是小有名气的京剧角儿了，但他还是非常谦虚，排练时老是问陈莉哪里不舒服哪里还需要调整。而张伟伟很聪明，假以时日必成大气。

学戏不是终点，演戏也只是过程，《邯郸梦》见证了新一代演员的成长，汤显祖的名作在新一代京昆演员身上得到了有效传承，剧中融注了演员独特的艺术感受，透过舞台上立体的展现，传递了汤显祖的人生况味……

文 / 朱锦华

张扬戏曲至道，创作时代精品

在纪念伟大戏曲家汤显祖逝世四百周年之际，上海昆剧团编创演出的《临川四梦》将汤显祖的四部传奇杰作，进行了近乎完美的艺术呈现，这是昆曲界向伟大的中国戏曲传统致敬的最佳方式。

四百年前，汤显祖曾经为宜黄县的戏曲职业艺人撰写《宜黄县戏神清源师庙记》一文，高度描述了戏曲艺术所产生的社会审美效果，用“道”这个宗教式的名词来概括中国戏曲的艺术精神，第一次将历代戏曲创造者的化身“戏神”推崇到与儒家的孔子、佛教的释迦牟尼同等神圣的位置，第一次将戏曲艺术推崇到与中国传统哲学思想同等重要的“道”的位置，在那个将戏曲看作“小道”“末技”、将戏曲艺人看成是底层社会不入流者的时代里，显示出超越时代的艺术理性、哲学提升和文化判断。汤显祖崇尚的戏曲至“道”，很完美地展现在他所创作的《牡丹亭》《邯郸梦》等作品中，也很完美地展现在历代戏曲人所创造的艺术经典中，这也是时至今日，他的作品能够为人类所共享，能够与莎士比亚、塞万提斯等西方文学至圣相提并论之所在。

显然，中西方共同采用演绎经典的方式，实际上正是共同体味戏剧艺术精神的最好途径，当然，戏曲的传承者们演绎戏曲经典正是践行戏曲至道的最好途径。今天，对于《临川四梦》的创编与演出，正以完整而精致的昆曲艺术品格充分地展现了绵延既久的中国戏曲至

《邯郸梦》舞台剧照

道，这正是当前中国戏曲传承发展的终极追求。

《临川四梦》在昆曲演出史上以《牡丹亭》最为盛演，其他三部作品则因其中部分折子戏而得以传承，如《折柳·阳关》《瑶台》《扫花·三醉》《云阳·法场》等至今上演于舞台。上昆的“四梦”保持了经典折子戏的基本演出范式，并以此为基础而实现了对全本情节的整编与排演。保持经典折子戏的艺术精华，重在彰显“四梦”历经时代考验的艺术创造；编演故事结构完整的全本戏，则重在满足观众完整的剧场审美诉求。四部作品所呈现出来的稳定传承与大胆创新，让整体的艺术品质既有传统的底蕴，又有新创所具有的时尚感，这正是昆曲艺术表演团队长期以来形成的一种良性的创作方式。众所周知，经典折子戏是戏曲表演艺术集大成的艺术载体，不仅仅高度呈现了戏曲音乐、表演艺术精华，而且还是剧目文学的具体而微的再现；不但展现了戏曲的技法规范，而且也张扬着戏曲的艺术旨趣，特别是中国戏

《紫钗记》舞台照

曲艺术之"道"所秉持精妙的艺术体验之法在昆曲折子戏中的体现得至为鲜明。上昆此次演出所张扬的这种创作经验，展示了由折子戏向全本戏进行修复性创作的思路，应该对中国戏曲各剧种如何尽可能挖掘传统艺术资源来实现创造性转化，提供了有益的参照。

经典折子戏对剧种品格的养成作用至关重要，但一定长度的全本戏演出则始终是戏曲院团重点呈现的内容。昆曲在清代中叶趋于艺术定型之后，主要展现的是明清文人传奇所创作的文本，即便如此，昆曲艺人仍然不懈地创作各种新作，在近半个世纪以来，昆曲创作力度得到进一步加强，佳作亦屡有涌现。不可否认的是，新创作品无论从作品的文学性，还是从作品的接受度，都无法与明清传奇文本相比。特别是明清文人在传奇创作时，比较严格地恪守着南北曲的声韵规律，比较稳定地张扬着来自文士阶层的文学旨趣，这就保证了传奇的剧目题材葆有昆曲文学的最高水准，曲牌音乐比较符合昆曲格律规范，作品风格比较契合昆曲情理并重、雅俗共赏的旨趣。有着“词山曲海”之誉的昆曲传奇文本，自然成为昆曲可资拓展的剧目资源。上昆此次排演的《临川四梦》，延续着完整展示全本戏的演剧观念，通过文本的再整编、再创造，让数百年前的全本戏更加符合现代剧场的观剧长度和审美法则。这种创作方式一再地证明了：成熟的传奇文本一经整理改编，最容易在剧目创新中取得较高成功率。尽管《紫钗记》《南柯记》等作品仍有继续打磨的艺术空间，但是那些体现于音乐、文学方面的艺术成功，则明显得益于传奇文本创作所立足的创作规范。文学是昆曲艺术的灵魂要素，昆曲传承的内核实际上是诗性文学的最高旨趣。当前昆曲创作、整理工作中出现的文本不成熟现象，昆曲演出中出现的表演不到位现象，归根结底在于创作者、传承者对于文学的把握不足。如果昆曲的文本创作规范在当代昆曲新编中能够很好地得到贯彻，大量新编作品也同样可以呈现昆曲舞台艺术所追求的品质要求。上昆此次演出所张扬的对于传奇文本文学性的秉持，应该对七个昆剧院团未来发展具有重要的经验启迪：加大对明清传奇文本的挖掘整理，是保证昆曲始终保持独特的古典风格的重要方式。

特别需要提出的是，上昆此次演出荟萃了目前活跃于舞台的老中青三代昆曲传承者们，从 20 世纪 50 年代培养的“昆大班”，到当今崭露头角的“昆五班”，上昆建立了一个传承有序的艺术团队，每个团队都有一批被观众追捧推崇的艺术明星，以稳定而精深的艺术传承来面对目前可演出的三百多出昆曲经典折子戏以及数十年来创演成功的保留大戏，这正是上海昆剧团被看作是一流团队的原因所在。中国戏曲的诸多剧种需要在观众中具有持久影响力的艺术名家，但同时也需要有能够培养一代代艺术名家的艺术团队，这是中国戏曲有序发展的基本保障。事实上，当代戏曲的最大困境是后继人才不足，掣肘于体制管理、人才培养等诸多原因，戏曲艺术能够常演常新的机制尚需研究实践。包括昆曲在内的非遗保护措施主要解决的是如何把戏曲艺术从老一辈艺术家身上传下去，但还没有解决如何把戏曲艺术在新一代艺术家身上传开去。因此，上海昆剧团借助几代同台的演出实践，真正地为青年昆曲人搭建起展示艺术的平台。特别是此次《临川四梦》的排演让中青年昆曲传

昆曲演员上妆

承者担纲主演，显示了上昆人才代际培养的成果，也显示了年轻的传承者们是如何让传统经典剧目、传统经典表演，焕发出属于这个时代的新风采的。上昆此次演出所张扬的对于昆曲后继人才的培养经验，是保证昆曲持久生命力的重要举措，这对于中国戏曲诸剧种如何给予青年传承者们展示的艺术空间，起了很好的示范作用。

半个多世纪以来，昆曲艺术经过党和政府的大力扶持，毫无疑问地成为彰显民族形象、张扬民族气质的国家艺术。特别是从 2001 年以来的 15 年间，借助非遗保护的理念，昆曲在张扬其戏曲艺术品格的基础上，获得了巨大的艺术维护和艺术拓展。15 年间，昆曲美学特征的秉持坚守、昆曲经典剧目的挖掘整理、昆曲新创作品的推陈出新、昆曲传承梯队的有序培养、昆曲观众群体的趋于年轻，成为昆曲传承发展的重要成就，这也成为中国戏曲传承发展的重要经验和范式。上海昆剧团的几代传承者们以饱满的艺术热情、稳定的传承梯队、严谨的昆曲艺术规范、古典与现代兼具的审美理想，集中展现了当前昆曲保护的成果，对于良性的昆曲传承发展带来了具有示范性的经验。

在纪念汤显祖逝世四百周年的时候，《临川四梦》的成功演出，向中国戏曲累积了数百年的艺术至道做了一次真正的回望与致敬，这一艺术至道不仅仅是由昆曲历代艺人共同累积所形成的艺术旨趣，还包括了作为“百戏之师”的昆曲所荟萃的中国戏曲近千年的艺术精神。同时，《临川四梦》的成功演出，也向中国戏曲界集中展现了传承既久的昆曲保护成果，这些成果不仅仅是伴随“非遗”工作而形成的十数年保护成就，也不仅仅是伴随上海昆剧团成长的数十年保护成就，还包括了与昆曲史同步的数百年保护成就。上海昆剧团在向上、向后致敬的传承中，用持续不懈的创造实现着经典剧目的常演常新，这正是上海昆剧团全面延续着昆曲传统乃至中国戏曲传统的艺术经验！这正是今天追怀中国戏曲的艺术精神之时，最应该冷静面对的切实作为！

文 / 王馗

对 2016 年《临川四梦》的回望

2015 年年底，受上昆邀请重排《紫钗记》，对我而言倒是一件趣事。能在时隔多年后再复排修改这个戏，又是一件幸事。一方面得益于党和政府对戏曲艺术前所未有的高度重视，剧团有了动力，另一方面又正逢莎士比亚与汤显祖的两个“四百年”之交汇，为剧团提供了机会。上海昆剧团终于抓住了一个难得的文化好机会，把原来虽有所准备，但还不十分完整的《临川四梦》雏形，来了一个做全做大的决定，第一次完整地推出集合四台戏为一个整体的《临川四梦》。这尽管有过去已准备的“先见”，但更需要有勇气的“起航胆识”。说有先见，是因为上昆人有近十年来的积极准备，说胆识，它实实在在地体现出当今上昆人的担当与文化责任。

有几个“一”，构成了这样的演出得以成功的关键。借此机总结一下。

一、一个构想

虽然决定是有胆识的，但实际上做起来还是有诸多困难。比如：如何在全局上安排四部戏的演出结构，以符合从剧目本身到演出体现上的时空要求。谷团长提出，把原来零散地排出的几部戏，汇成一个整体来集中和集体呈现，这是以前没有做过的。尽管当时在规划这个方案的时候，还有不同的意见，但我个人对这一个好主意

《牡丹亭》舞台剧照

是积极赞同的。作为集四部戏为一体的《临川四梦》概念，一旦集合性演出，必须是“集合性地连演”，才能起到一种“集束”效应。同时也就提出了四个戏为一个“大框架综合景”的构想。相对于四个戏而言，仅是做完整与做调整。别小看它只是一个思路，这决定了《临川四梦》在2016年的演出形式、演出方法和演出效果。四戏一景的大构想虽然给排练带来一些不便，但方便了连续性演出的大构想。其四部戏的“核心与骨架”又并未受到影响。从以往排练好的三部戏来分析，尽管有布景与道具，但戏曲艺术的特点与特性决定了，一旦拿掉道具布景后，演员表演的“线路图”与“表演的情绪与唱念功力”形成的“桥段”，是可以原样留存在舞台上的。所以“四戏一景”是一种可行的方针。就如谷团长所言：不搞花哨的东西。淡淡的、雅雅的、悠悠的，还原昆曲的气质。这些构想可以说是2016年《临川四梦》集合演出的最大特点。一个地点、一次演出，一堂布景，每天一戏。可以想象，这样的戏码阵容与演出的“频度”相结合，正如事后我们所见到的，是“一阵旋风”般的热闹，让观众真正地感受到了什么是舞台昆剧的魅力。

二、一个观点

放大抓小、因地制宜、一戏一策。稳定成熟的剧目，调整需要修改的剧目，换上合适的演员强化剧目，重排改进、提携年轻人成就新的剧目。就《牡丹亭》而言，上昆有常演不衰的俞（振飞）言（慧珠）经典版，其他诸多版本包括六本版与三本版都不算。《邯郸梦》尽管初排时是由著名艺术家计镇华与梁谷音领衔，但这些年，年轻人辈出，所以，这次又特别选择了优秀京剧青年演员蓝天来担纲《邯郸梦》的主演，倒是契合了一段京昆一家的佳话。而《南柯记》几年前就有了一个初步的框架与大致思路，但没有做完整，这次再度开排，也是一块“硬骨头”，不大容易排好，又加上是启用没有太多表演经验的年轻演员。但从上昆整体建设与演出思路而言，又不妨是一次创举。对我而言，《紫钗记》是自己与一些老艺术家共同创作的作品，也是为当时的年轻演员黎安、沈轶丽度身定做的。效果在当时很不错，但在一些地方一直留有遗憾。这次重排，在结构上，使其更连贯，每场戏的结束，都用同场曲或演员演唱的延续，来连接起下一场戏。同时重点把原来的《怨撒金钱》

这场戏的北曲改为南曲来演唱，把原来以“强”的姿态来表现霍小玉的“怨”，改为柔缓的“南曲”来完成，这样倒也符合昆曲的特殊表现手法，演员反而感到更加有表现力了。

三、一个思路

培养启用年轻团队，也是2016年《临川四梦》中的最具价值的“附加产品”。人才的培养与队伍的建设，对于一个戏曲院团是非常重要的。而选择“昆五班”这样一个年轻团队来完成这部从前未完成的作品，也体现出一种卓识与胆略。事实证明了把“学馆制”培训的成果与新戏的创排相融合，一来积极调动了老艺术家的热情“继续跟进”，二来也有效地验证了学习的成果，达到了“出人”与“出戏”的双向效果。从此就以舞台上实实在在的这样一个大剧目《南柯记》，夹带在《临川四梦》这样一个整体连演的气场与氛围中，扩展了“昆五班”这个集体的社会地位与影响力。借了这次机会，借了这个戏，借了这样的思路，完成了《临川四梦》的上演，更推动了人才队伍的建设。

总之，我个人的感觉，大致上有了这三个方面的设计与策划，使得2016年的《临川四梦》全国巡演取得了成功。

文 / 郭宇

侠义与情痴的赞歌
——评上海昆剧团《紫钗记》

汤显祖是明代著名的戏曲作家，他凭借《临川四梦》（《紫钗记》《牡丹亭》《邯郸梦》《南柯记》）而闪耀于中国戏曲天空，被今人誉为“中国的莎士比亚”。时值重视中华传统文化、强调文化自信的今天，恰逢汤显祖逝世四百周年，上海昆剧团为了纪念这位中国戏曲巨匠，经过多方努力，终把《临川四梦》搬演于舞台，让当今世人不禁再次惊讶于汤显祖戏曲世界的文学之优美、想象之丰富、哲思之深邃、针砭之尖锐。让观众欣赏每部作品，都是在历经美的享受和心灵洗涤。

《紫钗记》是汤显祖完成的第一部戏曲作品。之前虽然他也创作了《紫箫记》，不过由于创作过程中外界“是非蜂起，讹言四方”，不得已就把半成品公布于世，以证清白，之后再也未能续完整。《紫钗记》与《紫箫记》在题材选择上是相同的，都是写霍小玉和李益的爱情故事，不过在故事结构上存在不同。

《紫钗记》在故事结构上几乎全同于唐代蒋防的小说《霍小玉传》，只是把小说原本带有悲剧性的结尾，改成了明代传奇习见的大团圆结局。全本共五十三出。上海昆剧团版《紫钗记》，由其资深编剧唐葆祥进行缩编，保留原作精华，删枝叶减头绪，从而形成了别具上海昆剧团特色的《紫钗记》。

《紫钗记》舞台剧照

明人王思任曾评价《紫钗记》说："《紫钗》，侠也。"可见王思任于霍小玉、李益的爱情缠绵之中，特别着眼于那位抱打不平、豪侠仗义的黄衫客，凸现或张扬不为世俗羁绊、铲平世间一切不平事的侠义形象。显然，这一无所不能的帮助弱势群体排忧解难的形象，亦是汤显祖在剧作中所着意塑造的。上海昆剧团版《紫钗记》显然抓住了这一原作中着墨不多却蕴有深意的人物形象，在作品中大力突显：第一场就让其上场，并因其信马观灯而令同样赏灯的霍小玉惊慌避让致使头上紫玉钗被梅枝挂下而不知，从而引起此后的李益得钗和与霍小玉相识、生情。为了更加突出黄衫客的豪侠形象，彰显剧作的侠义主题，上海昆剧团版不惜篇幅，增加了第二场《豪侠借马》，让汤显祖原作中并未出场的黄衫客成为该场的主角，为以后助李益与霍小玉团圆埋下伏笔。以至最后的李、霍团聚，正是由于黄衫客不畏权威、出手相助。可以说，所有黄衫客的情节设置，都是为了颂扬"豪客高风义"的壮举，很好地保留并张扬了汤显祖原作对侠义的颂扬内蕴。

明代著名戏曲家冯梦龙曾说："玉茗堂诸作，《紫钗》、《牡丹亭》以情。"汤显祖借《牡丹亭》提出至情观，认为"生而不可与死，死而不可复生者，皆非情之至也"，塑造出因情而死、因情而生的至情化身杜丽娘。冯梦龙认为《紫钗记》与《牡丹亭》同以"情"称，可谓是深得汤显祖之心。汤显祖曾自言《紫钗记》中的霍小玉为"情痴"，可见他是为《霍小玉传》中那因情而死的霍小玉所感动，不惜以浓艳之笔墨为霍小玉唱"情痴"赞歌，且要让她因情人再至死而复生。显然，上海昆剧团版《紫钗记》抓住了原作对情痴唱赞歌的内在意旨，起承转合，唱念做舞，无不紧紧围绕着"情痴"稳步徐展，把李益塑造为不媚权贵、不屈淫威的爱情种子，把霍小玉塑造作怜才钟情、矢志不渝、因情生死的痴情女子，把"生则同衾，死则同穴"的爱情誓言渐渐推至高潮。

明代有人评《紫钗记》说："余谓《紫钗》，犹然案头之书也，可为台上之曲乎？"也许《紫钗记》确实存在非台上之曲的因素，现在所知流传于舞台的折子仅有《折柳阳关》，即使清代著名的曲家叶堂想编撰《紫钗记》曲谱，也曾心感其难。因而在今天要想把《紫钗记》完整地搬演于舞台，尽管有叶堂完成的《紫钗记》曲谱可资借鉴，显然亦非易事，毕竟

昆曲演员正在上妆

舞台上的《紫钗记》，除了唱腔之外，还有念做打舞，这些都是塑造人物、表情达意的重要手段。好在上海昆剧团拥有国宝级的昆曲大师，行当齐全的演员队伍，和敢打硬仗的勇气，经过 2008 年的“偶像版”《紫钗记》尝试之后，再次进行舞台创作，有能力为观众奉献出一台优秀的《紫钗记》。相信若汤显祖地下有知，应会甚感欣慰，而不至说“要依我原本，其吕家改的，切不可从”。

当然，要想把《紫钗记》这部曾被视作案头之书、非台上之曲的作品完美地搬演于舞台，显然非一蹴可就之事。尽管现在的上海昆剧团版《紫钗记》存在诸多优点，还是可以进一步发扬“水磨调”精神进行精打细磨，令作品更加完善、精湛。如第二场《豪侠借马》，把汤显祖原作中分布前后的情节融为一体，提前突显黄衫客的形象，这非常好地保留了汤显祖颂扬侠义的精神，但就其叙事而言却有欠流畅之处。像黄衫客在认出鲍四娘后说道：“果然是四娘！多年不见，一向可好？”随后问鲍四娘因何在此，鲍四娘答称：“妾身在此恭候大侠，有一事相求！”二人既然多年未见，在此相逢似为巧遇才是，今本在没有前文交待的情况下让四娘说“在此恭候大侠”，似于常理未通。另如第三场《花园惊报》，前半部分意在刻画李益、霍小玉新婚之后的浓情蜜意、恩爱缠绵，甚为到位，且前面辅以浣纱、秋鸿的打诨，令叙事冷热相济，增强了观赏性。可是在王哨儿来报让李益去玉门关任参军一职后，舞台上的李益并没有表现出因受命马上要与娇妻分离的惊讶，还似隐露出马上要做官的喜悦；倒是霍小玉受惊不小，抚琴断弦。如此创作，似与《花园惊报》的场目稍欠吻合，又于塑造李益的情种形象稍有损伤。不过此微瑕，相信随着《紫钗记》的不断上演与精心打磨即可去之。

可以说，侠义与爱情是一个永恒不变的戏剧主题，可以穿越时空长葆鲜活。而《紫钗记》恰恰把两个主题有机融合、多彩呈现，相信上海昆剧团经过对《紫钗记》作品的不断完善，定可以令这部讴歌侠义与情痴的作品长久留存于昆曲舞台，成为观众欢迎的又一部昆曲佳作。

文 / 李志远

昆曲演员正在上妆

凭谁拨转通天窍

——上海昆剧团《邯郸记》观演小记

《临川四梦》中，《邯郸记》是汤显祖最沉痛、最清醒也最透彻的一部作品。虽然根据当时人的记述，“若士自谓一生四梦，得意处唯在《牡丹》”（[明]王思任《批点玉茗堂牡丹亭叙》），但论到作者身世之感、家国之悲表达的真切程度，《邯郸记》显然远远超过《牡丹亭》，代表了汤显祖思想和艺术的又一新高度。取材于唐传奇《枕中记》的《邯郸记》保留了原作的度化框架，将仙界欲“于赤县神州再觅一人，来供扫花之役”作为整个故事的起因。《邯郸记》将观察时代的立足点设定在世外，形成了一种稳定的理性架构，作品的展现也因而获得了一种超然的眼光和冷静的态度，由此出发，作者带着旁观的心态进入戏剧情境，展开对专制制度下士子人生轨迹的全程追踪。

《邯郸记》中的卢生借吕洞宾仙枕入梦，得娶家饶资财的清河崔氏女为妻，仰仗妻党的权势和金钱夺得状元，为此开罪权奸宇文融，一再加害，卢生先是被贬至陕州，后又奉旨领兵迎战入侵的吐蕃，危难之中，一再因祸得福，建立殊勋，出将入相，荣宠已极。宇文融再度设计陷害，卢生竟被押赴市曹处斩，经妻子午门鸣冤，改为流放广南崖州鬼门关。其后宇文融阴谋败露，卢生重入朝堂，当了20年相，晋封赵国公，荫及子孙，年

《牡丹亭》舞台剧照

过80病亡。近代戏曲理论家吴梅以为,《邯郸记》“备述人世险诈之情,是明季宦途习气,足以考万历年间仕宦况味”,可谓切中肯綮之论。全剧的情节设计由晚明现实政治出发,极富机巧和匠心,宦海浮沉的种种描写几乎穷尽了专制时代官场生活的一切可能性。明代为防武人跋扈难制,多以书生典兵,造成了文士“走两路功名”的特殊机缘,因而在明传奇中出现了一批文武兼资的主人公形象。《邯郸记》对此的表现基本是戏谑式的,在汤显祖笔下,卢生为皇家所称道的文治是以“盐蒸醋煮”之法凿石开河,武功是以“御沟红叶”之计离间吐蕃君臣后趁势取胜,荒诞可笑的剧情中隐含着作者“以天下为沉浊,不可与庄语”(《庄子·天下》)的绝望之情。这种绝望在全剧的结局中反映得更加明显和集中,卢生黄粱梦醒,在仙人指点下发现所经历的一切不过是“妄想游魂,参成世界”,而人间的“大姻亲”“大关津”“大功臣”“大冤亲”“大阶勋”“大恩亲”等原都属于痴人说梦,类似《好了歌》的曲词借助出世法完成了对污浊现实的否定和反讽。

最值得注意的是,《邯郸记》中除外层架构中俯视红尘的出世仙人外,没有一个正面形象,连《东郭记》里陈仲子那样自恃方正而迂阔到可笑的人物也没有。汤显祖不单没有“补天”的手段,更完全没有“补天”的理想。在他眼中,匡救的道路已经堵死,整个社会只有宿命般地走向没落。在给朋友的一封信中,汤显祖谈到过自己创作《临川四梦》的内在心绪:“词家四种,里巷儿童之技,人知其乐,不知其悲。”([明]汤显祖《答李乃始》)“四梦”中悲凉入骨的《邯郸记》写下了作者最深沉的哀伤痛楚:“一枕馀甜昏又晓,凭谁拨转通天窍。”荒唐无稽的喜剧背后,透出的是一个先知梦醒后无路可走的犹豫彷徨和孤独寂寞。

上海昆剧团改编演出的《邯郸记》最大限度地继承和阐扬了汤显祖原作的思想意趣，以经过缩编的“入梦”“赠试”“骄宴”“外补”“东巡”“勒功”“死窜”“召还”“生寤”九场戏概要展现全部情节内容。改本以卢生和宇文融之间的冲突作为推动剧情发展的线索，同时延续并突出了原作的喜剧特色。对主要人物个性的适度改造是改本形成喜剧特色的一个重要原因，原来的《赠试》一场中，卢生听崔氏说要以“家兄”即金钱贿赂当道，帮他谋取功名，先是“笑介”，然后直接表示：“感谢娘子厚意，听的黄榜招贤，尽把所赠金资引动朝贵，则小生之文字珠玉矣。”改本在此增添了波折，形成一段生动的对白、对唱，崔氏倚财势而骄的豪门气焰，卢生犹未消尽的书生意气与渴盼出人头地的野心，在这里益见鲜明了，尤其是原作中面目含混的崔氏，得此寥寥数笔，顿然变得栩栩如生，呼之欲出。另一个显例是《东巡》场卢生闻听派他去征讨吐蕃，以“兵凶战危，臣不敢任”之语稍加推托后，便很快地“换戎装上，谢恩”，再无异辞了。而改本在皇帝任命后，特地加上一个“卢生抖介”的科介提示，又在谢恩后增入几句卢生的下场诗：“也罢！昔日开河驱我去，今朝兵燹逼人来。明知奸贼借刀计，报国书生惟壮怀！”人物恐惧惶惑、无可奈何的真实心理状态与外部表演动作相配合，得到了充满戏曲舞台感的细致展现。

频繁穿插丑角戏表现专制时代荒谬怪诞的社会风习是改本形成喜剧特色的另一原因，《骄宴》一场的厨役、《东巡》一场的陕州驿丞、《召还》一场的崖州司户、《生寤》一场的乐官，再加上开场和结尾出现的赵州桥店家，各种丑角在剧中轮番出现，以配角或龙套身份不同程度地介入剧情，以小见大地呈示了旧时代官场的黑暗腐朽。最妙的是改编者利用戏曲丑角即兴插科打诨的特点，将讽刺的矛头对准了某些承沿不替的人性痼疾。例如《骄宴》场厨役的道白提及琼林宴“有那岭南人嗜食的毒蛇、老鼠、果子狸、穿山甲，还有猢狲的脑浆”，引来后场“野生保护动物怎能吃得”之问时，他回答说：“这你就不知道了，秀才们一个个饱病难医，除了人肉，还有什么不吃的？”《东巡》场陕州驿丞自述奉命征集民间美女“龙舟唱采菱，取悦圣上”，因人数不够而将自己老婆押上时，公然坦承：“反

《邯郸记》舞台剧照

正平日我那口子，搁在家里头也是基本不用。”《召还》场崖州司户上场唱“赵皮鞋”，有云：“出身原在国儿监，跑个官儿好合算。虽然任上才三年，已是家资胜万贯。”凡此种种，皆能造成古今相互映射的戏剧效果，使汤显祖对明代社会反常现象的理性批判具有了某种现实意义，与当代西方戏剧家以现代方式演绎莎士比亚戏剧有异曲同工之妙。

作为开一代风气的戏剧大师，汤显祖作品最引人关注之处除了思想展现、关目排设之外，便是他的曲文撰构了。《邯郸记》的曲词在整个《临川四梦》中别具一格，总的来说是“耐人咀嚼，而不艰深晦涩，虽然时而出现汤显祖所特有的那种可解不可解之间的别有韵味的曲句”（徐朔方《汤显祖的思想发展和他的〈四梦〉》）。改本大体采用汤显祖原曲辞，往往视具体场景加以节略组合，也有的场次由改编者据汤氏原意另填新词，如最后的《生寤》一场以新填的三支“浪淘沙”代替了原本第三十出《合仙》中六支同牌曲对“大姻亲”“大关津”“大功臣”等的冷嘲热讽：“什么崔氏大姻亲，五子十孙？俏金钗宾客盈门，全都是鸡犬驴儿变也，你个痴人。”“什么大唐状元，金榜独尊。闯关津全仗钱神，泥金为书在何处？！你个痴人。”“什么开河靖边，什么勒石铭文。不过是图虚名，害了百姓，这不世功名今何在，你个痴人！”新词虽力摹汤氏风神，但终觉略逊一筹。而原作中不同场的曲词缩编于一场时，常会出现韵部各异的情形，这其实倒是改编者应当着力统一的。

清代以来，《邯郸记》很少整本演出，主要以折子戏的样式留存于昆曲舞台，其中《扫花》《三醉》《云阳》《法场》《番儿》《仙圆》等出都因表演艺术的高超而成为脍炙人口的经典之作。由于演出时间的限制，改本为尽可能地展示原作情节，略去了不少细节性的内容，最遗憾的是没能将代表昆曲表演艺术成就的这些折子戏整合进来。若能将改本适度延长，以上下本形式出现，或许就可以稍微弥补一下这种缺失，既照顾到戏剧情节的整一性，又不影响经典折子戏表演艺术的完美呈现。

文／郑雷

最撩人夏风是《牡丹亭》

上昆《临川四梦》在帝都演出刮起一阵昆曲旋风，让人分不清到底是汤翁乘着昆曲风穿越而来，还是昆曲借助汤翁的生花妙笔让人们重温了一遍“四梦”？演出时，前后次序不是按照汤显祖原有的创作轨迹历时性展开，而是先“邯郸梦”“紫钗梦”，再到“南柯梦”，最后才是“牡丹亭梦”，《牡丹亭》作为压轴戏隆重推出，成了这次演出的沸点。昆曲舞台上《牡丹亭》各种演出版本有数十种，上昆版也有十多种，属于上演率最高的昆曲剧目，但人们却一而再、再而三地去追捧它，甚至出现一票难求的现象，当晚不少观众站着看完全剧，让人不禁追问它的魅力到底在哪里？五班三代同台演出《牡丹亭》，可谓上昆近年来推出的演出模式。它是如此令人着魔，吸引观众蜂拥进入剧场。与其说人们看杜丽娘，不如说争看上昆熊猫级别的表演艺术家，只要他们在场，“昆虫”们必定为之疯狂。

这次“四梦”演出，其他“三梦”都为改编整理戏，唯独《牡丹亭》保留了昆曲折子戏演出的传统风貌，以俞振飞、言慧珠主演的八场改编本为基础，吸收传统折子戏和 1999 年三本版《牡丹亭》中的部分出目熔铸而成。1999 年三本版是昆曲界较早采用全本戏理念复原演出汤显祖原作的一次实践，改变了当时昆曲舞台只有新编昆曲戏和折子戏而长篇全本戏缺失的状况，开启了 21 世纪初昆曲经典作品全本复原之风气。全本复原的创作策略包含汤翁原作思想精髓的传递和表演技巧的传承。杜丽娘的梦，凝结着汤显祖的至情思想，其舞台的表达与传递为当代观众提供了与汤翁对话的渠道和交流的枢纽；《游园》《惊梦》《寻梦》《拾画》《叫画》等是昆曲小生、闺门旦传承传统表演技艺的经典出目，在上昆演员的传承过程中，昆曲传统表演技艺得到接续，获得新的活力。

杜丽娘的至情寻梦

上昆《牡丹亭》以复原经典的方式与四百年前的汤翁进行隔空对话。“四梦”中，杜丽娘梦最难理解，也最不可思议。为情而死，可以理解，为情而生，依照现实逻辑，无法理解。杜丽娘似梦又醒，亦人亦鬼的人生状态，使全剧情节曲折多变，充满诡异。但当代观众似乎喜欢的就是这种人格矛盾和身份双重性，在真真假假难辨的梦境中、在虚虚实实的人鬼交往中，寻获到与汤作内在精神沟通的密码。它的多重内涵和象征意蕴，契合了当代观众的审美期待，满足了他们的审美想象。

杜丽娘的梦是有关情爱的少女白日梦。她的梦由后花园的韶光美景逗引而起，在梦中，那书生千般爱惜，万种温存，令她难以忘怀。她不以为是梦，才有重回花园寻寻觅觅的经历。但白日梦毕竟是梦，是幻境，梦中人已随梦去，现实中无以寻找。当她明白这点后，决定以身殉梦，以死来守护梦中爱情。对于杜丽娘来说，为情而死，不是消极的行为，而是守护爱情理想，等候梦中情人的积极行为。一梦之后，她的情感开始觉醒，从爱情的受众者成长为主动追求者。她自己掌握感情的主动权，宁愿以静态死的方式来等待梦中人，以免父母将她配与他人。这种超越生死羁绊，“生生死死随人愿”的情感，使杜丽娘一病而亡后，灵魂不死，肉体三年保持不烂。

杜丽娘的梦是男女间的性梦。在中国古代小说戏曲中，情欲基本合一，当谈论情时，也就是在谈论性。《惊梦》《寻梦》《幽媾》《欢挠》等出目里的部分唱词涉及到杜、柳的两性之情。因为这点，《牡丹亭》在清代被列为禁书，与《西厢记》《金瓶梅》《水浒传》同登官方查禁淫词小说目录。社会上一些缙绅家庭家乐演出时，一般不点《牡丹亭》，恐怕家眷看到，产生不好的影响。实质上，这些性爱场面，汤显祖采用了暗场或虚拟场景

著名昆曲表演艺术家蔡正仁

《牡丹亭》舞台剧照

的表现手法，与明清时期色情小说中露骨的性爱描写完全不同，它们展现得富有诗意。汤显祖还借花神之口道出杜、柳日后有姻缘之分，冥间判官在婚姻簿上也查到他俩有夫妇关系，这些补白都说明了杜丽娘的性行为合乎传统夫妻伦理关系。《牡丹亭》张扬以爱为基础、符合夫妻人伦关系的自然人性，与汤显祖进步的人性观遥相呼应，是明末呼唤人性、张扬自我的新思潮在剧中的体现，透露出近代婚姻观的新讯息。

杜丽娘的梦具有象征意味，她的梦不仅是白日梦，而且是杜丽娘死后精魂不散，以幽灵身份去追求情爱的执着精神的象征。她的这种执着精神在《寻梦》里已经表现出来。如果说惊梦时，她隐幽地、被动地接受情爱，那么到了寻梦时，她已主动、有意识地追梦，且将春香支开，独自一人寻梦，杜丽娘成为孤独的寻梦者。值得玩味的是，她明知梦寻不见，还不住地流连，甚至决意守在梅根下，等着再到罗浮梦边，并留下遗言，死后葬在梅树之下。三年后，柳梦梅的到来，映证了她的追梦，她的执着，并不虚幻。但杜丽娘的梦并不止于梦中相恋，人鬼相依，她要复活，要将梦中、阴间的琴瑟相和带到现实中，在现实生活中实现“生同室，死同穴”的情爱理想。她寻梦之孤独之曲折，为“路漫漫其修远兮，吾将上下而求索”做了戏剧化的注解。

上海昆剧团的至情传承

典藏版《牡丹亭》记录了上昆40年演出发展脉络，透露出上昆为追求经典剧目精品化所付出的艰辛和努力，是对上昆表演传统的传承与发扬。在上昆诸多剧目里，《牡丹亭》排演的版本最多、演出频率也最高。最早的版本是蔡正仁、张洵澎传承的俞言版，之后为1982年华文漪、岳美缇版，1993年梁谷音、蔡正仁版，1999年三本版，2002年上下本版及2008年传统版等，这些版本从1978年上昆建团始，贯穿至今，勾勒出一部上昆40年的演出简史，其中既有传统折子串联，也有长篇全本复原，还有新编整理，体现出上昆传承与创新兼备的创作理念。因团里演员几乎每人都参与过《牡丹亭》的排演工作，尤其是个别演员像蔡正仁、张洵澎等，他们的演出接续了昆曲传字辈艺人的表演传统，而在接续过程中个性化表演的张扬和创造，构建了上昆表演新的传统。

对于蔡正仁、梁谷音、沈昳丽、黎安、罗晨雪来说，典藏版演出，一人只担纲一出戏。其实，他们的表演经验并不仅局限于一出戏，他们都曾经演过全本《牡丹亭》，当他们将演出全本戏时所积累的经验和表演技艺投入到折子戏时，如同将各自最为擅长、最为出彩的那部分才华呈现出来，那么八出折子戏就不是普通的折子，而是演员个人表演技艺精粹的展现。强强同台演出，同年龄间、不同年龄间、不同行当间自然会发生竞技现象，如蔡正仁与梁谷音间、沈昳丽与罗晨雪间、沈昳丽与黎安间等，相互间的竞演信息激发了三代演员各自的表演兴奋点，促使他们较快地达到良好的表演状态，使演出趋于精致，渐于完美。

这次《牡丹亭》演出最大的亮点是五班三代同台演出，这种创作演出方式，其意义已经超过了演出本身。

上昆老中青三代同台演出《牡丹亭》，最早可追溯到1999年，由王仁杰改编，共36折，分上、中、下三本演出，蔡正仁、岳美缇、张静娴、张军、沈昳丽、李雪梅参加演出。此种创作模式的用意非常明显，以舞台演出的方式促动和提携青年昆曲演员的成长。需要指出的是，这种演出兼传承的创作模式，早于2001年昆曲被联合国教科文组织列入首批“人类口述和非物质文化遗产”名录，即在昆曲作为非遗代表作的观念尚未深入人心之时，上昆已经改变创作思维，对昆曲经典萌发敬仰之心，率先探索如何在实践中保护和传承昆曲艺术。上海戏剧历来以求新求变闻名全国，以传承为主的创作思维在当时的上海剧坛可谓空谷足音，弥足珍贵。后来，在创作其他剧目时，上昆继续采纳这种创作模式。2007年，四本《长生殿》的演绎就沿用了这种模式，以蔡正仁、张静娴、计镇华等老艺术家为领军，带领青年演员张军、沈昳丽、黎安、余彬等共同演出。再到2014年典藏版《牡丹亭》的初次出炉，都能看出上昆在传承、保护昆曲艺术方面，不是一种做出来的姿态，而是发自内心的对于古老昆曲艺术的尊崇。他们做到十几年持续地传承，且将传承队伍规模扩大到最年轻的昆五班，这种执着的、至情的传承精神，令人不禁肃然起敬。

传统折子戏串联成一剧，表面上看没有创造力，实质上，它以一种认同和回归传统演剧方式，寻找上昆与昆曲演剧传统的对接和承续，强调传承和保护昆曲传统的重要性，以一种反颠覆和反叛逆的行为，宣告一种新的意义上的标新和立异。

文 / 谢雍君

小修改大提高

——《紫钗记》再排浅谈

2008 年，《紫钗记》一稿完成，反映不错，戏也得到了肯定，但有很多不足，不足之一是部分观众反映有些地方看不懂。戏是演给观众看的，观众看不懂就是我们创作者的责任。于是针对问题再改一稿，补充了很多东西。全剧演完之后问题又来了，一个是戏的时间太长，另一个是在剧中起到重要作用的“黄衫客”这个人物的交代还是不甚明白。不琢磨不成戏，继而又是反复修改，参加昆剧节，终于定稿。《紫钗记》荣获了优秀剧目奖，黎安也获得了表演奖榜首。即便如此，我们仍然不满足，还要精益求精。

2016 年《临川四梦》巡演，《紫钗记》有了再排的机会。还是那句话，小修改，大提高。主创碰头谈了两天，决定从两个问题入手。

一、加强人物个性

这一点主要针对的是霍小玉。当初研究这个人物，觉得她应该刚烈一些，但因为唱词是南曲，显不出刚烈二字。于是，将南曲改成北曲，这样设计的舞蹈就活了，以此来突出霍小玉的愤恨。定稿之后，再看全剧，感觉弹唱“琴曲”的坚贞不二的霍小玉从“边塞寄诗”之后就推不上去了，人物性格既不突出也不可爱，还显得李益的份量偏重，这才发现做反了。反复琢磨后确定这样的处理离汤显祖原意甚远，仔细再分析霍小玉这一人物，她是庶出的，被家族赶出的女子，压抑、自卑，所以她才会跟李益提出让所有人唏嘘的“八年之约”，这才是霍小玉真正的内心世界。观众不会同情一个发脾气的怨女，但会同情一位自知自清的弱女子。而汤翁笔下的霍小玉正是一个与众不同的女子，所以必须给她一个准确的定位，加强她的人物个性。修改从一度二度着手，重点放在“怨撒”一出。把北曲再改回南曲，以缠绵凄美的曲子来表现霍小玉的柔弱无助与哀怨，效果果然比原来更好，人物也更为准确。这样一来，霍小玉内心忧怨、欲说还休的抑郁心境就表现出来了，这样的改变对于重塑霍小玉这一人物起到了很大的作用。

二、准确定位、重排黄衫客

黄衫客这一人物，“传说为唐代侠客，即挟持李益和霍小玉相见的豪士”。而汤显祖自己对于黄衫客是非常喜爱的，他曾说：“霍小玉能作有情痴，黄衫客能作无名豪，余人微各有致。第如李生者，何足道哉。”可见在汤翁心中，黄衫客绝非普通配角。因为是“无名豪”，所以黄衫客的来历变得扑朔迷离，这样一个虚无缥缈的人，也许有点背景，也许是皇亲国戚，只能在原剧本浓墨重彩的出场中看出他的身份不凡。“英雄不论出处”，在汤翁心中，黄衫客是能够主持正义的豪侠代表，他的存在与出现就是为了解救霍小玉与李益的爱情。正因此，在《紫钗记》中如何给黄衫客着墨就成为一件十分重要的事。再修改的《紫钗记》必须要把黄衫客的戏份铺排好、刻画好，使他在剧中真正起到点睛的作用。剧本自有初稿以来，黄衫客这一人物从有到剪掉，再拾回来，现在要做的是拾回更多的黄衫客，目的是使情节贯穿，让观众明白。怎么拾法？首先从观众的角度考虑，时间不能长。原来的铺排，黄衫客在第一场有个出场，然后到第八场才再次出现，还是在霍小玉的梦境中，结果观众不明白是怎么回事，也不知道这个黄衫客究竟是个什么人物，于戏而言也并没有起到什么作用，几乎成了为出现而出现的人物，这样的设置肯定是行不通的。要把黄衫客的戏份拾回来，但又不能拾太多，去救李益的戏不能表现，表现就扰了主线。怎么办呢？反复商量，最后决定，第二场加鲍四娘向黄衫客借马的戏，二人有简短的交谈，人物有了交代，脉络就理清了，也埋下了伏笔。后面“怨撒”一场再让鲍四娘提一提黄衫客，隐线清晰。这样一来，黄衫客的形象种进了观众的心里。

文 / 张铭荣

《南柯梦记》舞台照

传承经典、与时偕行

——昆剧《南柯梦记》舞台形象的择取

纪念汤翁逝世四百周年之际，上海昆剧团重新创作汤翁的经典《南柯记》，如何承袭汤翁优秀的传统精髓？如何在当代审美节奏下，创造出既有汤翁原作的精神风貌，又具有现代审美品格的昆剧作品？这些都是我们今天参与《南柯记》的创作者们不得不仔细思考的问题。

一、从《南柯记》到《南柯梦记》

《南柯记》是汤显祖在走过了坎坷的仕途，政治抱负和人生理想彻底破灭以后，痛定思痛，冷静反省后，创作的传世作品。作者根据唐代小说《南柯太守传》，写唐代游侠淳于棼梦入蝼蚁之大槐安国为南郡太守的故事。《南柯记》在汤显祖的《临川四梦》中特色最鲜明，《临川四梦》虽然都写梦，但唯有《南柯记》中的意象最为奇特，它以超现实的蝼蚁王国作为戏剧主人公活动的主要环境和剧作家言志抒怀的主要依托。

2016 年上海昆剧团重排完整的《临川四梦》。而其中传统剧目《南柯记》的重新创作弥补了原完整《临川四梦》演出的缺憾。在昆剧演出历史上，《南柯记》中唯有两出折子戏《花报》《瑶台》保留了下来，代有传承，除此，从没有较完整的具有原作风貌的《南柯记》。

《南柯梦记》舞台剧照

大家都认为《南柯记》是一个“硬骨头”。我认为上昆这次重排，应是在尊重汤显祖原著基础上，承袭传统表演的前提下去整合，不是单纯意义上的“传承”。我们不可能把原作四十多出全部原封不动地承袭在今天来演出，也不可能摘取部分折子组合来演，更不能背离原作杜撰一个全新版本。要构成一个能符合汤显祖原作精神完整性较强的当代演出作品，必须在深刻理解汤显祖原作风貌前提下找到一个切入口。原作四十多出，今天我们如何选择、取舍，侧重点在哪里？这是整编过程最重要的环节，也是传统老戏在今天重新排练的准确途径，使这个作品既不失昆曲《南柯记》的传统表演精华，又有新的开拓。

此次上昆领导为《南柯记》的重整，组织专家创作人员进行了一年多的筹备，按照汤显祖四部作品的不同特点进行了量身定制，我们将原作四十四出精编为七出，剧名改为《南柯梦记》，剧情则侧重于淳于棼与瑶芳的生旦戏。上昆领导大胆起用年轻的“昆五班”演员重新创排，年轻主演卫立、蒋珂被委以重任，尽青春之姿演绎汤翁半百之年创作的度世幻梦，年轻演员们刻苦、勤奋，逐步成为高水平的传承人。今年因在《南柯梦记》中的出色表演，卫立、蒋珂分别获得第二十七届上海白玉兰戏剧表演艺术奖新人主角奖、新人配角奖。

此次创排《南柯梦记》凝聚了几代上昆人的心血和智慧、传承与创新。《南柯梦记》的艺术指导，著名昆剧表演艺术家蔡正仁和张洵澎认为：“《南柯记》中男女主角都有文武兼备的特点，唱念做打都非常繁重。在此之前，只有《花报》和《瑶台》两个折子戏传世，而这一次无论传承还是创作，都希望不离传统不走样。”

二、《南柯梦记》舞台形象方面的追求

1. 汤显祖原作《南柯记》中，描写了尘世、佛界与蚁国三种戏剧情境，刻画了自然及超自然的多重人物关系，剧情在佛界与俗世、人间与蚁国之间几度转换，人物在虚幻与真实之间交替出现。排练中无论我们整合的文本和二度创作以及演员的表演都十分注重循着人物的心理逻辑来进行，也就是十分强调人物内心运动过程和精神活动来重组。使这个剧更符合当代的审美，增加剧作的深度与厚度。

《南柯梦记》的创排基本上保留了原作的精华部分，集中整编成七场

戏即第一场：情著；第二场：就征；第三场：玩月（赏月）；第四场：围释；第五场：生恣（情纵）；第六场：遣生；第七场：情尽。我们从二度的整合中力求能完整地呈现汤翁原作精神。剧情的行进仍按着汤翁原作意旨；“情著”入梦“转情”，“情尽”梦醒。主人公淳于棼在进入南柯梦前后，其对“情”的态度转变，从“情著”时的“无情而之有情”，梦入南柯，到后来的“转情”时的“有情而之无情”，“情尽”梦醒开悟，构成“因情成梦，因梦成戏”的戏曲结构。这一次的排练，我们力求将戏剧家汤显祖对“情”的深刻理解和“人生如梦”的悲剧意蕴得以尽善尽美地呈现。

2. 梦幻蝼蚁国情景引发下产生的风格样式。本剧以超现实的蝼蚁王国作为主人公活动的主要环境和剧作家言志抒怀的主要依托。以梦境喻人生，以虚幻写现实，虚虚实实，真真假假，制造了奇特的意象。在淳于棼的命运中，包蕴了对人生难料的迷茫，对人性无常的困惑，对世事荒谬的义愤等丰厚、深刻的现实内涵。

舞台形象中着力以淳于棼这一人物作为维系全剧艺术形象的意蕴链，抓住人物心理的种种感受，开掘深层的意识来展露人物隐蔽的灵魂和内心世界。沿着淳于棼的心理运动，“情著”入梦“转情”，到“情尽”梦醒的精神活动，我们集中一切艺术手段有意识围绕淳于棼的内心运动与精神活动，串起一条意蕴链，进行强调渲染。

3. 从全剧以超现实意识流手法，带着传奇色彩的风格，我们在总体舞台空间上构建独特的心灵世界与感觉世界，强调色彩印象，以色彩的喻意进行人物主体意识的变化。淳于棼少年得志成为驰骋疆场的大将军，从醉酒失职落寞中沉郁、沮丧，到孝感寺遇二蚁见凤钗犀盒“情著”入梦“转情”；意识中时而迷离、朦胧，时而炽热、狂放，时而悲怆、凄迷。“梦醒”后的迷茫、凄然。“情尽”后的豁然、明朗。

舞台总体空间循着淳于棼的精神活动，以多变的色彩营造出虚虚实实、真真假假的奇特意象。喻意“人生如梦”的内蕴。

——舞台美术空间造型

这个剧的舞台美术空间造型，循着“以超现实意识流手法带着传奇色彩”的风格；觅取《南柯梦记》“梦”的奇特意蕴形象：不偏离戏曲的写意和虚拟的规律为思维支柱与戏曲虚拟、灵动的时空处理；汲取现代超现实意识流手法的色彩喻意，在多元融合中来进行我们空间氛围的构造。

从现实中的大槐树，到虚幻的“梦境”大槐安国；这二者中找到表达内在意蕴的元素，选择寓意性很强的流动的外化主体形象来贯穿，灵动的景语进行升降移动组合来构成舞台总体氛围。舞美造型的色彩必须采用我们戏曲强调装饰性强的特点，在装饰性比较强的组合空间中制造虚虚实实的奇特意象，从中突出人物艺术形象。同时与汤显祖写《南柯记》本色淡雅的笔法相符合，产生这个剧奇特的意象空间语汇。

——音乐形象

中国古典戏曲剧本从结构组织到意蕴传达，都是以曲词为核心。剧曲与散曲一样，与源远流长的古典诗词一脉相承，继承了中国古代韵文的深厚传统。戏曲曲文是剧本的支柱和精华。我们有意识保留了汤翁原作的曲词，传递出汤翁创作时期的风貌。除了保留的曲词，我们从《南柯记》的曲文、情景、风格方面考虑，进行开拓与发展，如一场“情著”后，淳于棼整日沉醉于酒，昏昏沉沉中入梦，产生梦幻意象，朦胧烟雾中黑巾紫衣官持拂尘扮蚁装及数兵丁扮蚁形人引牛车蚁行上；音乐声中小蚂蚁们边走动边轻声合唱，虽是运用了原来成套的曲牌，但我们却以童声来合唱：“淳于棼，淳于棼，酒醉梦乡的淳于棼……”使传统得以拓展，而新的表演形象又增强了舞台演出的观赏性。又如第四场“围释”，檀罗国四太子率众蚁兵边用数板边以舞蹈的表演，均从传统表演中拓宽了表演语汇，使舞台形象更生动机趣，全剧风格更统一。不仅音乐形象得以突破，而且表演也得以丰富，使此剧的音乐形象更鲜明，舞台整体呈现更完整。

——现实与梦幻在表演上的判别

作为“以意识流手法带着传奇色彩的风格”其中人物的创造途径，是顺应着人物的心理运动而进行的，也要求演员更细致研读剧本的每一个细节，每一文字逻辑，去找到准确的表演手段使人物真实、可信。如淳于棼这一人物的表演。现实和梦幻的表演有区分，入梦后梦幻中的情景是淳于棼的意识活动，现实情景是他所亲历的，不同的情景同样是一个人。那么就应该细腻地去辨识不同情景中人物的精神及感觉，让观众准确地去看懂梦里和现实的区分。因而，深入剖析人物基本个性形象后，我们做的工作是细腻判别现实与梦幻的不同表演方法，使人物创造更准确。

昆剧《南柯梦记》遵循着“古不陈旧，新不离本”的总体创作理念，在承袭戏曲表演本体艺术手段中去开掘人物深层的内心世界，使人物突破以往的戏曲舞台性格单一的表演模式，追溯人物命运轨迹，捕捉人物深层心理，走向人物创造立体化表演的深度，传递《南柯梦记》的真正内蕴。

作为一个超现实意识流手法的传奇剧，我们尊重昆剧本体的艺术特色和传统精华，有目的地将昆曲剧种个性与新的创作元素有机融合，使昆剧这一传统艺术形式发扬光大，并赋予新的生命。

以往《临川四梦》是三梦缺一梦，如今上海昆剧团的《南柯梦记》终于圆了“四梦”。

文 / 沈斌

《紫钗记》改编札记

上海昆剧团的《紫钗记》于2008年经过整理改编首次搬上舞台。时隔八年，2016年正逢汤显祖逝世四百周年纪念活动，上海昆剧团推出了汤显祖《临川四梦》的盛大演出。我们修改并排出新的稿本，突出了主要人物，保留了原著的精彩唱段，加强了全剧的音乐性，而且将原来2小时40分钟的演出时间，缩短为2小时15分钟。从编剧角度看，有以下几点体会。

一、必须充分理解和体现原著的基本精神

《紫钗记》是汤显祖早年的作品，历来论者认为是一部不够成熟的“案头之书，非台上之曲”。但不可否认它是《临川四梦》中的第一梦，后三梦的构思、题旨都由此演化而来。

《紫钗记》的故事情节来自唐人小说《霍小玉传》，同样写霍小玉与李益的爱情，但戏曲与小说的结局完全不同。小说写李益始乱终弃，是个负心汉薄情郎；霍小玉相思成疾，抱恨而死，死后化作厉鬼，向李益复仇，从而对封建婚姻制度作出了强烈控诉。汤显祖没有简单地重复小说的主题，他根据自己的生活经验，对这一题材作了不同的思考和处理。剧中李益没有变心，他与霍小玉的爱情婚姻遭到以卢太尉为代表的政治势力的干扰和破坏，而终以黄衫客的援手得以团圆，悲剧变成喜剧。

这一变动，将原本小说中封建婚姻制度与其牺牲者的矛盾，变成李益、霍小玉与卢太尉之间的矛盾，也就是人民群众与封建权贵们的矛盾，从而使剧本的社会意义超出了爱情婚姻问题。

小说《霍小玉传》没有真实的历史背景，小说中的卢氏是李家的远房亲戚，仅家道殷实而已。而在《紫钗记》中，卢太尉身份是当朝宰相卢杞的胞弟，虽然在历史上卢杞并没有这样一个当太尉的弟弟，但这已经无关紧要了，在汤显祖笔下他就是卢杞的化身。据历史记载，卢杞曾排挤过李益的父亲李揆，使其出使西番。汤显祖巧妙地借用了这个历史故事，写成卢太尉因李益中了状元不去卢府拜谒，恼羞成怒，派他去玉门关任参军，后又因李益不肯被招赘而把他软禁起来，从而表达了作者对权贵势力的谴责。这样的选择，与汤显祖从政经历有着密切关系。

汤显祖是个神童，14 岁进学，21 岁中举，文名传播天下。当时的权相张居正为了让自己的儿子能在会试中鼎甲及第，希望能结交汤显祖，成为他儿子的陪考。汤显祖拒绝了这种结纳权贵、博取功名的做法，以至他几次春试都没有考取。直到张居正死后第二年，才考中进士。后来他又拒绝了申时行等权贵的结纳，以致一生仕途坎坷。因此，他对像卢太尉这样的权贵势力非常憎恨。

但如何才能抑制像卢太尉这样的权贵势力呢？汤显祖把希望寄托在黄衫客这一神秘人物身上。在小说中，黄衫客只是一个侠义之人，他出于对霍小玉的同情，将李益骗至霍家，但也阻止不了霍小玉悲剧的发生。而在汤显祖的《紫钗记》中，黄衫客是上通天，下着地，来去无踪的神秘人物。他一出手，权势炎炎的卢太尉就一败涂地，李益与霍小玉得以团圆。显然黄衫客不是现实生活中的人物，他只是汤显祖虚构的理想人物。希望能出现像黄衫客这样代表正义、清明的政治力量，以抑制像卢太尉这样一手遮天、为所欲为的权贵势力，也是汤显祖青年时代的一个政治梦想。所以，“四梦”中的第一梦就是汤显祖青年时期自己的梦。虽然在剧中，黄衫客这个人物占的篇幅不多，描写也不够具体，但在《紫钗记》中，黄衫客绝不是一个可有可无的人物。我们在整理改编《紫钗记》的时候，保留了黄衫客这个人物，而且有不同程度的加强。如让原著中霍小玉在梦中遇黄衫客赠她一双绣鞋的情节，仅仅是通过霍小玉口述出来的，我们把这个梦境，化作舞台形象呈现出来，使黄衫客的形象给观众留下较为深刻的印象。

二、在有限的篇幅里，集中刻画主要人物

这也就是李渔说的“立主脑”“剪枝蔓”。《紫钗记》原著五十三出，篇幅很大，人物众多，但最主要的人物就是霍小玉与李益。卢太尉虽是主要对立面，也没有给他多少篇幅，有些情节采用虚写的办法。

霍小玉是汤显祖钟爱的人物，其性格特点定位为“情痴”。但她与“一往情深”“生可以死，死可以生”的杜丽娘完全不同。她虽然是霍王之女，琴棋书画，无所不能，然她母亲是歌妓，地位低微。因此她对自己与李益的婚姻缺乏自信。当李益高中状元后，她已预感到“以君才貌名声，人皆景慕，愿结婚媾，固亦众矣”，故与李益订下“八年之约”，仅仅要求做八年的夫妻。她对李益说：“一生欢爱，愿毕此期——妾便舍弃人事，剪发披缁，夙昔之愿，于此足矣！”我们根据她的性格特点，选择了《观灯坠钗》《花园惊报》《折柳阳关》《怨撒金钱》《钗合梦圆》五个折子来体现。其中《怨撒金钱》一折是霍小玉单独的戏。写霍小玉得知李益已招赘卢府，紫玉钗已为卢府买去，作为卢小姐头上之用，霍小玉从绝望到悲愤，将出售紫玉钗得到的百万铜钱抛撒一空。2008年我们特地将原来的南曲改写成一套北曲，以增强她激昂悲愤之情。但演出效果不尽如人意。这次修改，我们重新梳理了霍小玉的思想感情脉络，觉得她在这场戏里的基调不是一种强烈的、外露的悲愤之情，而是一种委婉的、内向的哀怨之情。这样我们又采用了原著中的一套南曲，加上沈昳丽自己设计的优美的身段和细腻的表演，将霍小玉的哀怨之情表达得淋漓尽致，使霍小玉的形象更加鲜明完整。

李益是剧中的男主角，虽然汤显祖对他性格的软弱一面有所微词，但在汤显祖的笔下，他不失为一个有才华、有抱负、感情专一的好青年。在改编本中李益占的篇幅还略胜于霍小玉。除了他们两人共同的折子外，还有两折是刻画李益的。一折是《边愁寄诗》，一折是《哭收钗燕》。《边愁寄诗》原著就有，我们只是作了一些删节和改动。这折戏大多改编者不选，因为它与主线关系似乎不是很密切。我们选它，是从李益这个人物出发的。李益是唐代著名诗人，也写过

不少边塞诗篇，唐代的知识分子都有一种到边塞去建功立业、保家卫国的雄心壮志。汤显祖为李益专门写了率领军士边城巡逻的这折戏，也是寄托了他自己的政治抱负。也正因为有了这折戏，李益的形象就不同于一般的风流才子和懦弱书生。黎安扮演的李益英俊挺拔，给观众留下了深刻的印象。众军士登高望乡，思念亲人的场面，催人泪下，再现了千百年来守边军士的真实生活和感情，从而拓展了剧本的思想内容。这也是明清两代数以千百计的传奇作品中，独一无二的。《哭收钗燕》一折写李益与卢太尉的冲突。原著中卢太尉为了招赘李益，让李益的朋友韦夏卿去劝说，让太尉府的堂侯去威胁，让堂侯妻假扮鲍四娘的姐姐鲍三娘去造谣，我们将这些情节都省略了，让卢太尉与李益正面冲突。卢太尉软硬兼施，并且以霍小玉的生命相威胁，使李益陷入了深深的矛盾痛苦之中。我们填写了“绛黄龙”“大圣乐”两支曲牌，让李益充分抒发不肯屈从，但又无可奈何的痛苦心情。

三、尊重原著，敬畏经典，不等于原封不动，所谓“原汁原味，只字不改”，从舞台实践看，是不可能的

戏剧毕竟不是博物馆里的文物。数百年前的戏剧，即使是最优秀的作品，拿到今天来演出，面对的是今天的观众，扮演角色的是今天的演员，舞台设置也与昔日绝然不同，怎么可能“原汁原味”“原封不动”呢？这本来是不成问题的，但当我们一强调“继承传统”之后，有些人把它引向极端，也有些人借“原汁原味”作为标榜，作为广告。从上昆这几年演出的传统经典剧目看，没有一个是不经改动的。就拿六本《牡丹亭》来说，似乎是当今改编本中最长、最接近原著的了，但若与原著一比对，至少还是删节了三分之一的篇幅。又如《长生殿》，洪昇当年全本演了三天三夜，大约需 30 个小时，上昆的四本《长生殿》演 12 个小时，删节一半以上。还有所谓“只字不改”，其办法就是“动剪刀”，将原著中几出，通过剪裁，将不同宫调的曲子拼接在一起，表面看，似乎“只字不改”，但这种做法打乱了昆曲音乐中有关宫调合套数的规律，破坏了押韵、平仄格律，也是从另一个角度上篡改了原著。不如实事求是地承认，今天演出传统经典名剧，或多或少都是有所改动的。

当然，对经典名著的改编必须慎重，改也有度。除了以上说的尊重原

《紫钗记》舞台照

著的基本精神和主要人物外，还必须遵循昆曲联套、曲牌的韵位、平仄等格律。由于篇幅关系就不举例说明了。

总之，今天我们在昆剧舞台上改编、再现古典名著必须十分慎重，必须遵循昆剧固有的基本格律，既保留传统经典，又富于一定的新意，为今天的观众所接受。当然，这是针对整本戏的改编而言的，传统折子戏的演出，则尽可能保持原著的面貌。至于新编昆剧，虽不应成为主流，但也能起到丰富昆剧剧目的作用。只有多头并进，才能使古老的昆剧焕发出新的光彩。

文 / 唐葆祥

我学昆曲《邯郸梦》

2016年是汤显祖先生逝世四百周年，也是英国莎士比亚逝世四百周年。纪念莎翁的活动今年不在少数，作为戏曲人，当然不能忘了咱们“东方的莎士比亚”，汤显祖先生。

《临川四梦》是汤翁的代表剧，四梦《还魂记》《邯郸记》《南柯记》《紫钗记》之中，《牡丹亭》可能更为大家所熟悉，“原来姹紫嫣红……”好多人也都会唱。此次纪念汤显祖先生，上昆再次将《临川四梦》搬演舞台，就艺术成就而言，仅次于《牡丹亭》的当属《邯郸梦》了。该剧是上昆近年来的经典之作，其中卢生的扮演者便是大名鼎鼎的昆剧第一老生计镇华先生。

2015年5月，我同上昆团长谷好好有过一次电话交流，她说：“上昆要请熊猫级的老艺术家们为青年演员授课，计老师也有课程，你愿不愿意来学点昆曲，若学好了，甚至有的剧目我都可以傍你唱。”这哪是傍我唱啊，分明就是提携我嘛。能让我同计老师学演《邯郸梦》，于我真是莫大的荣幸。既有名家亲授，又有优秀团队合作，我便暗下决心，要尽全力将所学呈现于舞台上，不辜负上海京剧院的信任和上海昆剧团的培养。

计老师看过我不少戏，过年期间计老师和我电话联系或者微信联系时，常常带一句，“蓝天你好忙啊！”我太惭愧了，本来年前就该开课，正好赶上各种戏曲晚会、空中剧院封箱戏的节目录制，那段时间京沪高铁站总能看到我噌噌奔跑的身影。其实我比任何人都着急，一到上海，我便迫不及待地约计老师在上海昆剧团上课，终于上了第一堂课。

川剧艺术家陈书舫先生曾这样评价计老师，“不慌不忙演戏的大王”。确实，计老师看我演《邯郸梦》，唱、念、地位、数儿都对，但还是感觉欠一点，难就难在这舞台表演节奏的把握。计老师在《用“心”去演戏》中说，“演员对自己要“不求‘省心’，但求‘用心’，努力创造出与众不同的人物形象”。刚刚过世不久的京剧表演艺术家吴素秋先生也曾说，“四功五法表现外形，五脏六腑才能表现内心”。

我想，还是静静的、单纯地回到我们的四功五法来吧。

我特别佩服计老师的一点就是，他这里一指一抖袖，那里什么动作也没有，不管什么状态，你看着他的表演都很卢生，他就是卢生。计老师在指导我的表演时说：“没表演就是此时的最佳表演。特殊环境特殊人物，我们的程式动作也需要变化，戏曲尤其京昆，一切都要讲究‘圆’，什么都是圆的美，而头场的卢生，你双臂胳肢窝要夹一些，单手指出、双手指出、单翻袖、双翻袖都要夹，双腿也要微存腿（微蹲腿）。”果然，按照老师的要领做，卢生不得志、不如意的感觉就出来了。“骄宴”一场，宇文融位列三台，权倾朝野，号令百官，可卢生对此不屑一顾。计老师说：“这场表演，不是看不起宇文，也不是祢衡那种桀骜不驯，而是初次涉足官场，尚不会溜须拍马，不经意间地得罪了左仆射宇文融。”有了这样细致的人物分析，我扮演的卢生逐渐清晰准确了起来。

我说我是幸运的，不光是因为能够跟计老师学演《邯郸梦》，更重要的是还能得到上昆很多名家如张铭荣导演、吴双师哥的指点。

“赠试”一场中，卢生唱“不羡功名乐此身”，出场持扇开扇，我直接单手“唰”地开开了。对于这个动作，计老师说自己当时也是这样开的，但是被张铭荣导演改掉了。他说，这个开扇的动作看上去感觉是高登（采花大盗）出场，不适合卢生的人物形象，要双手捻开，必定是书生。动作虽小，对于人物的准确性来说却帮助很大，也足见昆曲的细腻与老师们在塑造人物上的精益求精。

吴双师哥这次在《邯郸梦》中饰演宇文融，让我颇感压力。计老师对我说，你要当心，和吴双这样的演员同台，稍有松懈和逊色，就会被吃掉。

《南柯梦记》舞台照

确实，和出色的演员演对手戏，是一种考验也是一种享受。记得和吴双师哥的老师尚长荣老师排演《廉吏于成龙》时，我和老爷子除了排练厅，有时马路边见面，词就对上了，正所谓熟能生巧。吴双师哥开玩笑说，“因你的卢生，我就宇文融了，黎安就皇上了”，戏言之后，他认真地继续说，“没捷径，咱们多对对”。

三人行必有我师，和乐队笛师的交流同样让我受益很深。笛师钱寅听我唱“破齐阵”时，“一”字是入声字，他说，“天，入声出而没，短收”。其实我知道是入声字，忽略了，甚至唱不清、表达不清，就是学艺不精，可想京昆之讲究，一点不到就出差错。

教与学，学与演，除了老师们的指点，我想更重要的一点，应该是自身对戏对人物的琢磨与思考。在“召还”一场中，谢平安导演这场用了典型的川剧的棍子舞和阵型的设计，比如卢生坐在衙役用四根棍子摆成的座椅上，非常有川剧的特色。我跟计老师和张铭荣导演建议这场加一小跌蹦儿（小吊毛儿）（我借用的是《琼林宴》表演）。计老师说可以，我要年轻30岁也走，张老师说符合剧情，也能露点咱们的技巧和玩意儿。最后一场“生寤”，卢生80岁了。从30岁演到80岁了，这个时候他的声音应该是什么样的呢，走路应该什么样的呢，计老师已经有了成型的表演，适合不适合我呢？计老师的表演是来源于他对周围老人的观察，让卢生走一寸一寸的小碎步，还得有人搀着。我向计老师提出，能不能借鉴《洪羊洞》杨延昭步子的感觉，计老师说还要再沉重些。于是我把两种步伐结合，找到了80岁卢生感觉。声音上，我实在学不出计老师的那个感觉，我模仿过几次，但是要学像真的很难。后来我想到了于是之先生的话剧《茶馆》之王利发、《骆驼祥子》之老马的声线，把于是之先生的北京话白变成韵白，我不知练习了多少遍。我的体会是于先生在舌心，用足了劲头，当我把舌心刻意往下颌一压，声音再些许的哆嗦些，年龄感就有了。

2017年，我凭借《邯郸梦》中扮演的“卢生”一角荣获上海白玉兰戏剧奖主角奖。回想整个学演过程，昆曲高雅、词藻华丽、表演细腻、动作性强、严谨规范、有歌必舞的特色，让我感到学演昆曲很难，学演“末”行更难，尤看《邯郸梦》之卢生，从30岁的青壮年直演到80岁的白发老翁，从屡试不第的田间骑驴书生，再到大唐状元、丞相、赵国公，几乎演遍了所有男性人物。在考验演员演技的同时，也考验着我的信心与耐心。我会继续努力。

文／蓝天

雏鸟入林，音色鲜亮

——从《南柯梦记》看“昆五班”的成长

2016年6月，上海昆剧团《临川四梦》之《南柯梦记》先后在广州、深圳展开巡演。跌宕起伏的戏剧故事、青春靓丽的舞台呈现、细腻灵动的人物表演受到了台下观众们的广泛青睐。而上昆以“昆五班”为主要演出班底的大胆尝试无疑成为此次演出的一大亮点。

多年来，上昆以“活态传承”为己任，以“宗脉延传、承戏育人”为目标，在紧抓剧目建设、营销宣传的同时，非常重视对各类人才的培养，不断加大投入力度。上昆目前拥有演员80余名，迎来了历史上首次“五班三代”同堂的鼎盛时期，并继续保持上海作为全国昆曲人才和剧目的领先高地。上昆根据他们的不同特点，采取分阶段、分批次、分人员、分需求的策略，量身定制人才培养方案，养成勤学苦练的艺术氛围，实现人才济济的兴旺局面及昆曲艺术的“活态传承”。

为给予年轻昆曲人良好的成长环境，上昆落实专人分管“昆五班”，精心搭建实践平台，强化基本功训练，给予他们独立且系统的长期培养。其中，传承大型神话剧《孙悟空三打白骨精》即是第一步，希望他们通过向前辈艺术家学习技艺、继承传统，提升自我角色塑造能力。从去年至今，《孙悟空三打白骨精》已演出超过百场，并荣获第十届上海市儿童剧展演最佳剧目奖和受欢迎剧目奖。

上昆大胆启用“昆五班”挑梁昆剧《南柯梦记》。从传承到原创，从学校到剧团，《南柯梦记》的创排无论是在思想深度还是舞台呈现上都是“四梦”中最难的，这给主演甚至整个主创团队都提出了极大的挑战。“它就像一根难啃的骨头。”《南柯梦记》艺术指导、“昆大班”的蔡正仁、张洵澎表示，“《南柯记》重排全本之难在于折子戏少。”《牡丹亭》“游园惊梦”“离魂”“拾画叫画”等折子戏都已经是人们熟悉的经典，《长生殿》的经典折子就有十多个，这些要排出全本有一定的基础。唯独《南柯记》，较常被演出的只有一折“瑶台”，复排难度很大。

除了折子戏少外，《南柯记》的另一大难点是全剧涉及生旦净末丑诸行当。而且剧中淳于棼一角梦中经历复杂，上昆版《南柯梦记》中淳于棼更是贯穿了全剧七场戏，角色文武并重、相互穿插，不但要求饰演淳于棼和瑶芳的主演必须是文武兼备、唱念俱佳，而且昆曲强调载歌载舞、细腻表演，一个眼神一个细节都融入了表演者对人物塑造的理解和展现，这对于初出茅庐的卫立、蒋珂来说，既是幸运也是巨大的考验。然而他们都非常珍惜这次机会，尤其是饰演淳于棼的卫立，他在戏里的甩发、抢背、吊毛、扎靠等在学校都没怎么接触过，于是他每天清晨七点到团练习到深夜，饰演瑶芳的蒋珂也埋头苦练连做梦也梦到自己在“瑶台”。经过一个多月的艰苦磨练，在艺术指导蔡正仁、张洵澎，导演沈斌、沈矿，技导赵磊及“昆三班”“昆四班”的师哥师姐们的指导、帮助和共同努力下，他们通过“学习＋模仿”，从有压力到适应，提高了基本功和综合素质，终于在正式演出中取得了初步的成效，尤其是在“情尽”“围释”处，两人都有上佳表现。

对此，艺术指导蔡正仁不无欣慰：“他们在《南柯梦记》中一步一个脚印、一招一式，从唱念做表各方面锻炼提高。演员的成长是脚踏实地、摸爬滚打出来的。相信随着舞台实践的不断增加，可以造就这一班年轻有为的昆曲新一代。我们表面是在教戏，实际上是在帮他们打基础，通过这次排大戏进一步发现了学生的才能，学生也逐渐领悟了老师的意图，因此让‘昆五班’主演《南柯梦记》无论是从当下还是长远来看，都有非同一般的现实意义，将起到事半功倍的作用。”艺术指导张洵澎表示：“‘昆五班’行当齐全，跟他们当

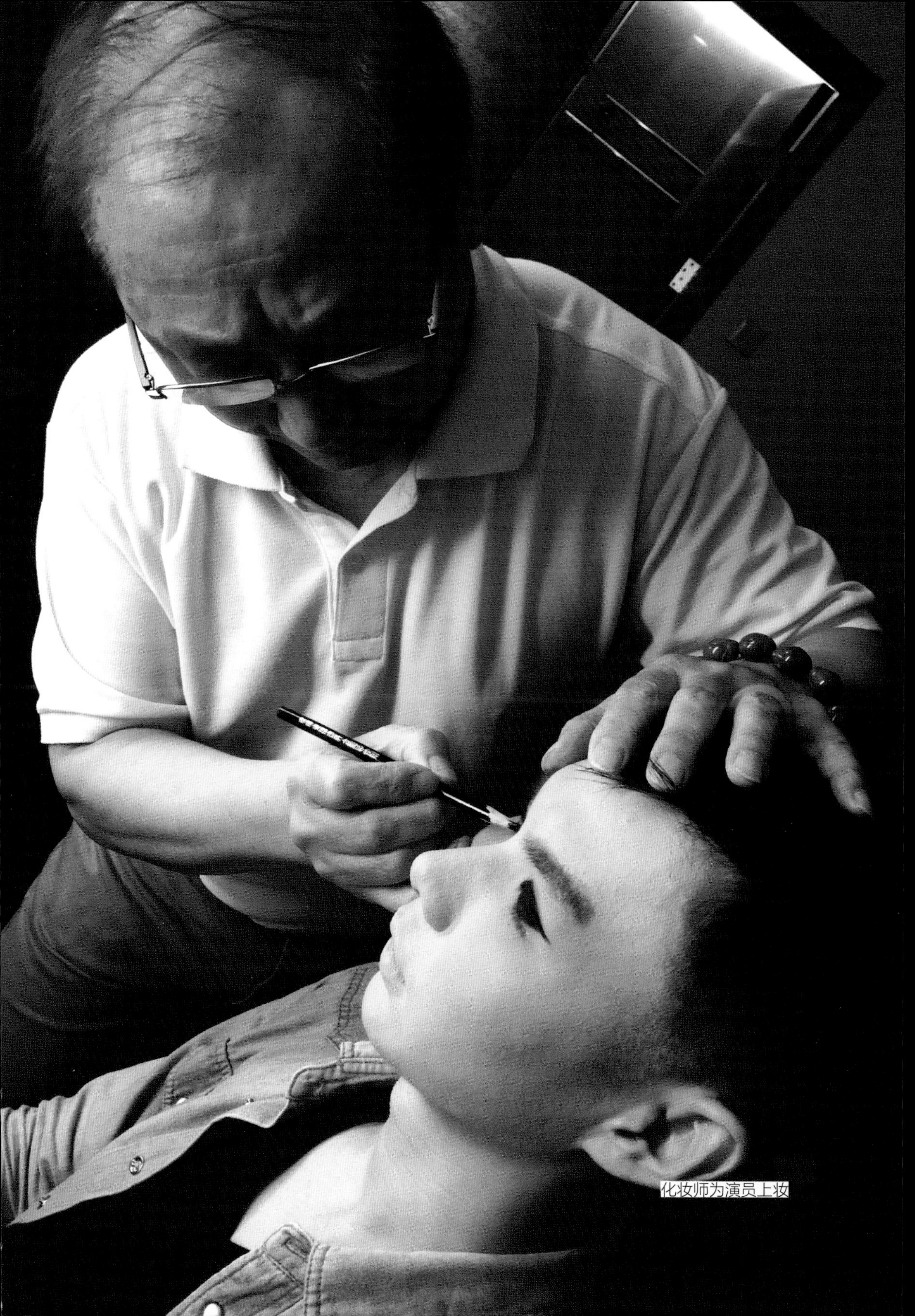

化妆师为演员上妆

时‘昆大班’一样，但需要培植，要给予孩子们更多传统戏的积累。”在这次大戏创排中蔡老师和张老师是以“学馆制”的手法在教学。她认为：“昆曲是古老传统的，而上昆版《南柯梦记》也是靓丽新鲜的。”

除了排大戏外，上昆还以政府购买每年百场“昆曲进校园、下基层”演出活动、推出“昆曲学馆制”等举措，为“昆五班”创造更多学习、实践的机会。其中，“学馆制”是上昆在有关政府部门的支持下，在全国首推的新人培养方略，将通过三年的系统学习，实现传承一百出优秀折子戏、六台经典大戏的教学目标。教学力量以上海一批非遗传承人为主，面向全国力邀名家携名剧到上海教戏，并将通过录像方式记录教学过程，从而成为宝贵教学资料。学馆制自2015年5月18日至2016年5月为第一学期，目前已传授《金雀记·乔醋》《绣襦记·打子》等三十出折子戏和精品版《长生殿》《邯郸梦》两

《南柯梦记》舞台照

台大戏，并于2016年5月26至28日在天蟾逸夫舞台举行了首次汇报演出，受到包括专家领导在内的社会各界的广泛关注和好评。可见，新创剧目加传统戏的双管齐下，不仅让“昆五班”的孩子们快速成长，也为昆曲的后几十年发展夯实了人才基础。

“昆五班”的成长离不开上昆多年来在人才培养上的战略方针，更离不开上昆“以戏育人，以戏推人”的战略宗旨。上昆团长谷好好表示：“剧种发展最重要的就是人才。我自己是个演员，深知等待滋味。老艺术家有成熟之美。同时，戏曲也可以是年轻的时尚艺术。青春就是美。我希望昆曲能够年轻化、时尚化、网络化。”

雏鸟入林，音色鲜亮。相信当它们真正成长为大鸟时，会怀念这最初的歌唱。

文 / 俞霞婷

《南柯梦记》舞台照

尽青春之姿，演度世之梦

——观上海昆剧团《南柯梦记》

作为汤翁诞辰纪念演出，全本“四梦”整体推出，气势和意义当然非同凡响，所以在其他“三梦”相对成熟的前提下，虽然本戏版已有江苏省昆剧院施夏明、单雯主演的连台本《南柯记》，上海戏剧学院戏曲学院、上海戏剧学院附属戏曲学校联合制作的袁国良、邹美玲主演的《南柯记》，但上海昆剧团仍然按照自己的节奏，从清唱剧版《印象南柯记》（2008 年）到彩唱版《南柯梦》（2010 年）再到本戏版《南柯梦记》（2016 年），循序渐进，一步步实现了《南柯梦记》的全本演出，填补了“四梦”中《南柯记》的缺位，也相应地一步步实现了《临川四梦》的整体呈现。这一次整体呈现，相对于 2008 年岁末不完全意义上的“四梦”的整体呈现，显然有了进一步的突破和提升。

一般观众对《南柯梦记》的故事情由未必熟知，排演本戏也有利于观众接受。此次本戏版《南柯梦记》，将原作四十四出精编为七出：《情著》《引谒》《玩月》《围释》《生恣》《遣生》《情尽》。从结构编排上看，有淳于棼情至情尽的两出以及出入梦境的两出，而原作中蚁国种种则被删减、缩略为三出，叙述更集中在淳于棼身上，表演上侧重淳于棼与金枝公主瑶芳的生旦戏。年轻的主演卫立、蒋珂被委以重任，尽青春之姿演绎汤

《邯郸梦》舞台照

翁半百之年创作的度世幻梦。全剧中的君臣、民物、男女，突出男女，所以即便公主“芳陨”，《生恣》中淳于棼的鳏夫生活仍然有声有色。溜二沙三、蚁王蚁后和蚁国一众人等则大都一笔带过，与之相关的行当戏部分，如丑角戏、老生戏、老旦戏等，基本上只见人物出场，衔接剧情，相关表演则几乎完全消去。吴梅先生所谓本剧中主观之主人契玄法师，也被简化和弱化。汤翁的愿景、抱负以及揭露、彻悟，或被处理为舞台上极其短暂的开场群戏，或通过旁人的讲述沦为情节推进过程中的背景。诸如此类，使得本剧在体现原作思想上的深刻内涵方面显得好像出力不多，或者力有未逮。当然，在此剧本戏版的初成阶段，大概也不能避免于此。

如果说一部戏在案头部分的处理上还比较简单，那么舞台呈现则因涉及面更广更复杂，所以难度更大。好在舞台美术设计、灯光设计等创造了一个简净雅致的演出空间，给予演员舒适的表演支点。虽然布景是“四梦”一贯制，风格整体统一，但《南柯梦记》在具体使用上，还是富于变化，体现了在细节处理上的用心。比如《引谒》一场，三幅版画景片并立居中，灯光呼应，使之刹那金碧辉煌，凸显皇家气派，现场效果出众。服装设计方面，以莲为主题，所有场上人物，包括卫士、宫娥等，服装既烘托了演出的整体审美，也展现了设计师对剧作的理解和设计个性。盔帽设计方面，也比较注意突出淳于棼是个能文武人的身份。为使舞台呈现更为丰富，显然导演率领服装化妆在身段设计、舞台调度上也想了很多办法。比如设计了将人物内心情绪放大的拟人化牛车，不失写意，却更具表演性和情感、温度；又如发兵瑶台的红蚁兵，且不说半面具式的盔帽是否不如直接勾画脸谱，就是那跌扑摔打的功夫以及与檀罗四太子的身段组合，便夺人眼球。张伯驹《红毹纪梦诗注》称李寿山擅演红蚁太子，说明此处的确可以出彩，吴双的技艺、经验还是自然而然地显示出了优势。观剧间，也想起顾笃璜先生说徐凌云先生学自陆寿卿的《钟馗嫁妹》，钟馗与小鬼的身段组合，不特别突出武技，而是倾向于诙谐幽默，武戏文做。这一段红蚁太子和众蚁兵的抢亲戏，作为门外汉，觉得似乎也可以根据现在已有的表演基调尝试这种演出路数，之后红蚁太子和淳于棼驸马的交战，大可以展示骑马舞枪对战的武技，如此反而有所区别和调剂。

作为《南柯梦记》主演的卫立和

蒋珂，面临挑战，但也有很好的机遇和平台。2015年，看过他们主演的小剧场昆剧《四声猿·翠乡梦》，同样是一个充满宗教意味的幻梦。在“二梦”的洗礼中，他们无疑得到了现阶段最为密集的锻炼：《翠乡梦》的前世今生，一人分饰不同行当的两个角色，年轻而富于创新的主创团队；《南柯梦记》的倏忽廿年，文武戏兼备，一流的艺术指导，经验丰富的主创团队。从中可以看到他们的优势和努力。不可否认，两剧在剧目传承上都几无依傍，没有太多的现成表演可资借鉴，他们还需要更多历练和积累。应该注意到，汤翁原作对主要人物的年龄、身份、性格都有所交待。淳于棼，出场即年届而立，汤翁开篇名为《侠概》，吴梅先生则称其为贪酒纵欲的废弁，他既不是天真懵懂的少年俊才，也不是一无是处的酒囊饭袋，而是能文能武、落魄世故、惯经风月的有情人。金枝公主瑶芳，出场时年方及笄，但剧中经历了为人女、为人妻、为人母的过程。作为公主，她是金枝玉叶，但蚁国只是一树之地，她遇警能战，但也娇弱多病，战也是病战，身姿不能过于矫健。所以，两个人物都有年龄、身份、性格的设定，而剧中又有20年的时间变迁、人生起落和富贵交替，随着时间的推移，人物的年龄、身份、性格以及身心的相应变化都应该体现在表演的细节处理上。另外，最终人物得道成佛形成的判若两人，也要在舞台上梦境的倏忽变换中通过表演立现于当场。还有，怎样配合唱词，将一些简单图解字意的身段逐步升华为契合当下人物情感的身段，更大程度地发挥手眼身姿表情的表现力和感染力，打通内心体验和外在技巧，这些都是不小的挑战，也非一朝一夕之功。对于卫立和蒋珂来说，接下来大概既要勤奋，更要沉淀，一动一静，一快一慢，要在传承的谱系中不仅站稳脚跟，还能在艺术上追寻前辈，逐步成为高水平的传承人。值得一提的是，无论是他们所在的学校、院团以及他们受教的老师、合作的主创团队，都表现出了对传统的尊重，但又绝不保守。这一点对正在成长的他们来说，弥足珍贵。

《临川四梦》在北京的演出已经结束，上海昆剧团目前可能是唯一能整体呈现《临川四梦》的院团，但这不是一个不能被打破的目标，基于自身实力，高水平地整体呈现《临川四梦》，将上昆版《临川四梦》做成精品，做成品牌，也许可以成为上昆下一步努力的方向。也就是说，《临川

《南柯梦记》舞台照

四梦》的整体呈现不应局限于汤翁诞辰一时，也不应止步于“目前唯一”这个短期目标，继续精益求精，不断自我超越才更为重要。而且，甚至可以考虑将“四梦”的每一个梦都做成至少两个版本，一个是充分展示文学旨趣，头尾俱全的本戏版，一个是突出展示表演艺术精粹，以传承为主要目的的折子戏版。前者当然会在一定程度上妨害折子戏相对独立的叙述和表演体系，后者则难免让不熟悉剧情的新观众不明所以，两者形成互补，有助于实现剧作文学、思想、艺术价值的最大化。就《南柯梦记》而言，和《紫钗记》一样，因为折子戏传承下来的很少，不可能像《牡丹亭》一样采用串折的方式进行编排和演出，但也可以做两方面的工作，一方面是继续提升、完善和熟化本戏版《南柯梦记》，一方面是努力重现《花报》，继续加工《瑶台》。在昆剧演出历史中，《花报》《瑶台》两出折子戏脱颖而出，逐渐沉淀、成熟，独具风采、代有传承。不过，以今日院团的实际情况来看，北方昆曲剧院、上海昆剧团、江苏省昆剧院、浙江昆剧团都传承了《瑶台》，《花报》则少见于舞台，也许已经后继无人。陆萼庭《昆剧演出史稿》提到，昆剧要存真，应少而精，若以保存和传承百出精品为限，他认为《花报》《瑶台》应有一席之地。由此可见，《花报》《瑶台》的传承不容小视。

文 / 张静

《牡丹亭》与上昆人的前世今生

2016年，上海昆剧团为纪念汤显祖逝世四百周年，集全团之力，推出《临川四梦》世界巡演活动，将汤翁生前的四部作品《紫钗记》《牡丹亭》《南柯记》《邯郸记》一气呵成搬上舞台，庞大的演员阵容，精工细作的舞美服装，如梦似幻的舞台布景，将汤翁关于“侠”、关于“情”、关于“佛”、关于“仙”的“四梦”在舞台重现，作为对这位中国戏剧艺术大师的追念。

《临川四梦》中的《牡丹亭》一向是戏剧舞台长演不衰的经典剧目，其诞生之初便“几令《西厢》减价”，数百年来观之不足、唱之不足、演之不足。无数观众正是因为《牡丹亭》而认识昆曲，爱上昆曲。在“原来姹紫嫣红开遍，似这般都付与断井颓垣。良辰美景奈何天，赏心乐事谁家院”的水磨婉转中，观众欣赏的是传承百年的中国传统艺术之精髓。

上海昆剧团与《牡丹亭》的情缘也极深。最早可以追溯到上昆的首任团长、京昆艺术大师俞振飞，自他开始，便有了与一代京剧大师梅兰芳合作的电影《牡丹亭·游园惊梦》。而后，在1957年，他与言慧珠合作了八折全剧《牡丹亭》，该剧由苏雪安执笔改编，并由“传”字辈老师和当时的昆大班学生担任主配。这就是后人称之为“俞言版”的《牡丹亭》，也是1949年后上海第一个整理改编的大型传统剧目。建团之后，1982年，上昆改编演出了全本七场《牡丹亭》，由华文漪、岳美缇、

《牡丹亭》舞台照

计镇华等主演，首演于苏州开明剧场，并在北京、西安、成都等地演出，也曾出访英国。1983年，上昆又改编演出了全本六场交响乐《牡丹亭》，由梁谷音、蔡正仁主演，首演于上海戏剧学院。1998年，上昆还排演过三天三夜、五十五折的全本《牡丹亭》，这也是迄今对原著的最全整理和展示，为《牡丹亭》的后续打造留下了宝贵的艺术资料和珍贵的演出借鉴。1999年，上昆再次改编演出《牡丹亭》，全剧分为上中下三本，由蔡正仁、岳美缇、张静娴、沈昳丽等上昆老中青三代演员共同演绎。2002年创排的《牡丹亭》（上下本）入围了首届国家舞台艺术精品工程提名。2008年创排的《牡丹亭》（传统版）集中展示了上昆的生旦实力，当时尚在上海戏曲学校就读的“昆五班”小学员也有亮相。

上昆有太多经典的《牡丹亭》，该剧不仅为上昆揽获荣誉无数，更见证了上海昆剧团前辈的代际相传。对于年逾七旬的张洵澎老师来说，杜丽娘可谓她的招牌角色。《牡丹亭·游园惊梦》便是她的开蒙大戏。当年16岁的她以该剧一炮打响。在言慧珠和俞振飞两位昆曲艺术家的传授下，她继承了全本《牡丹亭》。她曾这样回忆当年的情景：“当时俞振飞、言慧珠老师排全本《牡丹亭》，我配演春香一角，需要周末去言老师‘华园’家里排戏。朱传茗老师则边教戏边吹笛子。我在耳濡目染大师们高超艺术的优越环境中成长。”

梁谷音老师也时常感慨：“可以说，杜丽娘是每个昆曲女孩的梦想。”为此，原本工花旦，擅演《思凡》《活捉》《潘金莲》的她，专门拜师学了杜丽娘这个闺门旦角色，为的就是圆一场“游园惊梦”。

岳美缇老师说：“所有的昆曲演员都把《牡丹亭》作为一生的梦。如同莎士比亚戏剧没有《哈姆雷特》不行，昆曲没有《牡丹亭》也不行。”《牡丹亭》是昆曲中的经典，而《游园惊梦》一折则是经典中的瑰宝。作为整出戏的戏核，《游园惊梦》的地位非同寻常，岳美缇也是由俞振飞为她教授这一折戏而开蒙，并且从此改变了她的一生。这出戏唱腔易学又好听，情节场面亦不复杂，唱念做打动作规范、干净，因此许多昆曲爱好者也都从学《游园惊梦》开始进入昆曲的世界，岳美缇在之后教授“昆三班”、“昆四班”、“昆五班”时，也都是以这出戏作为开蒙戏。

俞老曾告诉岳美缇，《游园惊梦》要演出八个字：“扑朔迷离，风流蕴藉。”这是一个梦，一个粉红色的梦，这个梦又那么美，那么青春，那么让人赞叹。可是昆曲舞台上要如何演绎一个“梦”？唯有靠表演来让观众感受到身在梦境中的虚无缥缈，演员的脚步、身段、表情、眼神甚至呼吸都是烘托“梦境”的方式。梦中的杜丽娘、柳梦梅两个主角没有强烈的性格倾向，只是一生一旦，极简单，一个是青春少女，一个是英俊小生。可是越演越难，难在演出意境，演出气质，演出不同时代背景下人们对“至情”的理解。

为此，一代又一代的上昆人始终选择用《牡丹亭》来见证经典、续写经典。如今上昆的中坚力量“昆三班”自“昆大班”师辈处传承该剧后，也经历了十多年的磨练才完整接棒，站稳在《牡丹亭》的舞台之上。上昆的当家小生，“昆三班”的黎安就曾是1999年三本《牡丹亭》中岳美缇老师的B角，而岳美缇老师自己也不曾想到，观众竟会是那样喜欢黎安，谢幕的时候观众拼命拍手，一群小姑娘拥上去为他喝彩。《牡丹亭》让这个从老生转行为小生的他真正找到了自己。

随着一批“昆五班”学员的加入，上海昆剧团迎来了“90后”的新鲜血液，他们青春洋溢、朝气蓬勃，又是中国第一代行当齐全的昆曲本科生，可谓上昆强大的人才后备库。可是他们虽然在学校经过了十年的昆曲专业教育，但离舞台上实际的需要还有相当一段距离。因此“昆五班”一入团，上昆就马上让他们参加了“学馆制”学习，跟随上昆的国宝级老艺术家和全国的名家名师学艺。一年的“学馆制”使他们从唱功、身段到气质韵味都有了不同程度的飞跃。而《牡丹亭》自然也是他们绕不过去的课题，只要团里演出《牡丹亭》，“昆五班”这批“90后”女孩就是花神。跑龙套不

《邯郸梦》舞台照

《牡丹亭》舞台现场

只增加了他们露脸的机会，也给了他们在一旁偷师的机会。如今的“昆大班”老师张洵澎、梁谷音也都曾为传字辈老师做过花神。从花神演到杜丽娘，这是每个昆曲闺门旦的成长路径。

如今上昆全团上下五班三代济济一堂，“昆大班”出神入化，“昆三班”年富力强，“昆四班”风华正茂，“昆五班”雏凤展翅。逢此盛况，上昆选择以典藏版《牡丹亭》呈现老中青三代的艺术丰姿。老艺术家蔡正仁、岳美缇、张洵澎、梁谷音，“昆三班”黎安、沈昳丽、余彬，“昆四班”罗晨雪、胡维露，“昆五班”张莉等，将共同演绎游园、惊梦、寻梦、写真、离魂、拾画、叫画、幽媾、冥誓。典藏版《牡丹亭》展现的是六百年昆曲的一脉相承，传承的不仅仅是技艺，更是割不断抛不下的人文精神，正如《牡丹亭》题记所言，“情不知所起，一往而深”，《牡丹亭》是昆曲人及其倾心者的骄傲与坚守。幕起幕落，昆曲的内核特质一直都在，并长久传承不息……

文 / 陆臻里

不忘初心，方得始终

——昆剧《邯郸梦》传承小记

“富贵年华逝不还，吏民何用泣江关。清朝拂绶瞧行李，稚子牵船云水间。”一个想做清官好官却弃官的人，站在萧瑟的岸边，面对前来送他的百姓，去意已决。他低头整理着自己的衣衫，看着自己的行李。风儿吹过，衣带轻拂。他的后面，茫茫云水，轻舟一驾，稚子在等他上船。这就是汤显祖。穿越四百年，这一幕仿佛就在眼前。太过耿直的人也许都难以在官场久驻，除非官家是绝少的宽厚明君。汤翁耿直，却不怕没官做，因为他心中有梦，手中擎着生花妙笔，官不做了，还可以写梦啊。有心，那梦儿去不远。

于是，中国戏剧史上有了烂漫生辉的《临川四梦》，而《邯郸梦》是这位明代戏剧家的最后一个“梦”。

2005 年 5 月 17 日，15 年未排演主戏的昆剧第一老生计镇华终于完成了自己的心愿，将《临川四梦》之一的《邯郸梦》成功搬上了舞台。这出戏，说是名家荟萃一点也不为过。剧本由戏曲编剧大家王仁杰执笔缩编，二度由已故著名导演谢平安执导，著名昆剧表演艺术家张铭荣任副导演，更有梁谷音、方洋、刘异龙等昆剧表演艺术家倾情演出，这样的阵仗，戏怎能不好看。一路下来，好评如潮，屡获大奖，上昆又多了一部佳作。

不忘初心，方得始终。

说起来，这不仅是汤翁的一个梦，也是计镇华的一个梦。机缘巧合，当年首演那天正好是他生日，而他也将此戏看作是自己的封箱戏。在戏搬上舞台的那一天，他说的最多的一句话就是，要把舞台留给年轻人。

15 年后的今天，《临川四梦》世界巡演第一站，由一批年轻人主演的《邯郸梦》俘获了广州观众的心。薪火相传，生生不息。昆剧的传承就这样悄无声息却又轰轰烈烈地进行着。

四月上海，乍暖还寒。《邯郸梦》的传承与复排正紧锣密鼓。

对于传承，计老师有着严格的要求。这出戏卢生的年龄跨度很大，虽已老生应工，但是在塑造人物的过程中，计镇华突破了昆剧老生的局限，“借鉴了很多小花脸和小生的表演特点，甚至融入了一些京剧丑生的元素”，切磋琢磨、化为我用，才有今天舞台上熠熠生辉、鲜活生动的卢生形象。正因如此，严师出高徒。这次传承的两位主演，一位是上海京剧院的优秀老生演员蓝天，一位是上昆“昆四班”的青年老生演员张伟伟。

《邯郸梦》对于蓝天来讲，是一次难得的学习机会。“能被上海昆剧团相中，从上海京剧院将我借调来，让我同计老师学演《邯郸梦》，于我真是莫大的荣幸。”京昆不分家，从来如此，从梅兰芳先生与俞振飞先生的《游园惊梦》到《班昭》《桃花扇》，多少佳话，众所周知，这里不再一一赘述。

草长莺飞的日子，上海昆剧团的排练厅里生机勃勃。昆剧老师教得认真，学生学得用心。从一个眼神儿一句台词，到每一段唱，每一场戏，甚至整个人物的内心世界，计老师倾囊相授。而蓝天也的确是个有悟性的好后生，他这样说：“卢生这段独白才是我最喜欢的一段，‘我明白了，人生在世不过如此，生生死死，死死生生，几番荣辱，得失无常，人生百味俱尝尽，也罢，这功名身外事再不料理与他……’”戏学完了，洋洋洒洒近万字的心得也写得生动有趣、举一反三，他从中学到的不仅是戏，更重要的是他悟到了。

“‘戏中有艺，艺中有技’，所有一切的表演手法皆为人物所用。理解人物是第一步，最重要的是将自身百分之百地投入其中，感受其奇幻的一生与无奈入世出世之间超然空灵的遁世思想。想要演好首先要将自己放进去，我就是‘卢生’！”“昆四班”的青年老生演员张伟伟是第一次学演

《邯郸梦》这样的大戏，对他来说，机会难得，但过程却是艰辛的，但他十分珍惜这次来之不易的机会，除了努力学，努力演，努力悟，没有捷径。希望正如他自己所说的那样，“《邯郸梦》可以成为我艺术生涯的一个重要成长点”。

传承如此严格，复排又怎会不严谨？作为上海昆剧团的表演艺术家，又是《邯郸梦》的导演，张铭荣虽然重任在肩，却也游刃有余。张老师是个认真的人，尤其是对戏，特别是对《邯郸梦》，他太熟悉了。聊戏的过程中，大到戏的创排过程，小到每一个锣鼓点，他如数家珍。头一场“入梦”，不要一桌二椅，要一个炕，让卢生在上面枕瓷枕入梦，这是张导的主意；第三场“骄宴”，厨师的一大段数板，是张导创作的；第七场“死窜”，开头场景后面八块赫赫威风的高石牌，张导设计的；第八场“召还”，司户官精彩的人物塑造，也是张导亲自上阵演的。从《邯郸梦》创排之初到如今的传承复排，张铭荣付出了自己的心血与智慧，他以一个昆剧表演艺术家和导演的眼光审视并不断修改着这个“旷世奇梦”，使它越来越成熟，越来越好看，也越来越经得起推敲。

值得一提的是，这次《邯郸梦》排演，可以说是三四五班齐上阵，陈莉接过梁谷音衣钵主演崔氏，胡刚得到刘异龙真传演绎御医，司户官孙敬华更是得到了张老师的亲自指点，表演可圈可点，吴双饰演宇文融，而吕洞宾由“昆五班”倪徐浩扮演，其他八仙、丫鬟、杂役诸人，三四五班皆有之。担任该戏技导的张崇毅跟他父亲一样实在，他说：“虽然累，但是看到作品呈现得到大家认可，还是觉得很高兴。”

不忘初心，方得始终。这就是上昆的《邯郸梦》，一个踏实的戏，一个理想的梦。

文 / 陆珊珊

邯鄲夢

《邯郸梦》舞台照

《邯郸梦》舞台照

第二辑

《临川四梦》学术研讨会——专家发言节选

编者按

二〇一六年七月二十日，昆曲《临川四梦》学术研讨会在京举办。为纪念戏剧大师汤显祖逝世四百周年，上海昆剧团将汤显祖作品《临川四梦》，即《邯郸记》《紫钗记》《南柯梦记》《牡丹亭》搬上舞台、进行巡演，日前在北京国家大剧院演出。

在昆曲《临川四梦》学术研讨会上，与会专家对上海昆剧团四部大戏的演出水准给予充分肯定，认为《临川四梦》连续上演在昆曲演出史上极其罕见，上海昆剧团对作品的诠释和演绎不仅传承了经典，又融合了当代的思想与文化而有所创新，丰富了作品的内涵。老、中、青三代演员鼎力合作，展现出多年来昆曲人才培养和人才梯队建设所取得的成果。

《牡丹亭》舞台照

从文化自信到戏曲自信

适逢学习、领悟、践行习近平总书记提出“全党要坚定道路自信、理论自信、制度自信、文化自信”，并强调“文化自信是更基础、更广泛、更深厚的自信”这一关键时刻，上海昆剧团进京完整演出了《临川四梦》，以隆重纪念汤显祖逝世四百周年，深以为这确为增强我们从文化自信到戏曲自信的明智之举。

中华戏曲是中华文化的重要组成部分之一。文化自信当然涵盖着戏曲自信。自信中华戏曲传承着中华民族代代相传的价值取向、人格操守、道德追求，自信中华戏曲集中彰显了中华民族以虚代实、营造意象、追求意境的美学精神和审美风范，自信继承弘扬中华戏曲乃是继承弘扬中华民族优秀传统文化必不可少的重要方面，自信中华戏曲具有与时俱进的与现代社会相协调、与当代文化相适应的永恒生命力……所有这些对戏曲的自信，都以独特的方式渗透到中华民族道路自信、理论自信、制度自信的方方面面，都更广泛地深入到中华民族当代戏曲文化精神生活之中，都更深厚地影响着中华民族的思维能力、精神品格、文明素质。

《临川四梦》的整体演出，让当代观众深切感受到：与西方尽人皆知的四百年前逝世的著名戏剧大师莎士比亚同时期，中华戏曲也有与之比美的属于全人类的戏曲大师汤显祖。汤氏博学多才，诗词文赋皆为一流，尤以戏曲《临川四梦》彪炳史册，传之后世。《牡丹亭》《紫

演员在《紫钗记》舞台现场

钗记》讴歌纯洁忠贞的至爱至情，《邯郸记》《南柯梦记》鞭挞封建制度的官场黑暗、贪污腐化。这“四梦”堪称人类戏剧史上有思想的艺术与有艺术的思想和谐统一的传世经典，其间流淌着汤氏深刻而独到的人生感悟、处世哲学、悲悯情怀和人文精神。而阵容整齐、实力不凡的上海昆剧团三代昆曲艺术家的联袂合演，不仅显示了昆曲艺术薪火相传，而且为文艺界提供了具有普遍借鉴意义的新鲜经验——如何敬畏和珍视经典；如何坚定地在继承的基础上创新，真正实现中华优秀传统艺术的创造性转化和创新性发展；如何自觉地树立并践行包含戏曲自信、文艺自信在内的文化自信，以坚定的信念开创一条有中国特色、中国风格、中国气派的社会主义文艺发展道路。这些经验，弥足珍贵。

文 / 仲呈祥

深化传承　致敬经典

笔者这个题目是有感于上海昆剧团最近做的两件大事：一是举办三年制的“昆曲学馆”；二是在国内外巡演具有整体感的《临川四梦》。这两件事对于昆剧的艺术建设，都将产生深远影响。

“昆曲学馆”是深化传承的创举。从2015年开始，把团中已经取得大专学历（即昆四、昆五班）最年轻的演员重新集结，接受昆曲名师的再教育，以三年为期，传承一百出折子戏。任教老师除了本团昆大、昆二班的名家之外，还请北昆、苏昆、浙昆、湘昆的名家，共同来培养上昆的新生代。2016年5月把第一年教学成果作了汇报演出，成绩斐然。这次《临川四梦》中的《南柯梦记》就是由他们演出的。谷好好团长为他们的成长发微信：“今天所有的一切都是为明天准备的，又一代人呼啸而来！”

表演艺术的薪火相传，乃是昆曲能够“月落重生灯再红”的根本。请试想，倘若没有1921年热心票友们开设昆剧传习所，请全福班老艺人培养出44名传字辈昆曲艺人，倘若没有20世纪50年代俞振飞和传字辈老艺人培养出“昆大班”、“昆二班”，能有上海昆剧团吗？能有昆曲当下这种格局吗？由于受“文革”影响，隔了20年才有“昆三班”。现在是“昆三班”当家。这是一批相当成熟的中坚力量，起着承前启后的关键作用。能在“昆四班”、“昆五班”入团不久就办起了昆曲学馆，

《邯郸记》舞台现场

是他们传承意识高度自觉的标志。昆曲学馆还吸引了京剧人。《邯郸记》中饰卢生的蓝天，是上海京剧院的优秀青年演员，他把十多年前计镇华老师对这个角色的精心塑造，相当出色地承继了下来。

《临川四梦》用四个晚上连台献演，在昆曲史上没有先例。这是纪念汤显祖逝世四百周年活动的一大亮点，也是上昆展示行当齐全、文武兼备、五班三代艺术实力的极好机会。这“四梦”有缩编、有改编、也有折子戏的连缀，贯穿其中的基本精神，是尊重这位古典作家所创造的艺术形象的历史具体性和生动性，不做颠覆性改造，让观众自己去品味这些形象所包蕴的艺术思维和哲理思维。在演出形态上，选用若干“四梦”插图（木刻版画），作条屏式可移动的背景，配以必要的道具和灯光，使演出顺畅进行。这样，不但避免了换戏时装台、拆台的麻烦，还加强了“四梦”连演的整体感以及它所需要的雅洁、空灵。相比而言，人物装扮还不甚讲究。上昆立意要把《临川四梦》打造为品牌剧目，长期保留在舞台上，故巡演归来，将根据各方面反应再度加工，精益求精，这是对汤显祖、对昆曲经典最真诚的致敬！

文 / 龚和德

传承和彰显汤翁的审美风范

今年恰逢汤显祖和莎士比亚这两位东西方戏剧大家逝世四百周年，上海昆剧团经过长达一年的筹备，以汤显祖《临川四梦》完整版世界巡演的大团风范，以老中青“五班三代”同台的最强阵容，全面展示了汤显祖的伟大成就和上昆出人出戏的重要成果，令人赞叹。

在当代，能够演出《牡丹亭》的剧团很多，但是像上海昆剧团这样，有实力献演《临川四梦》完整版的院团恐怕还是第一家。我以为，昆曲艺术传承发展到今天，全本演出，或者说完整版演出，是有着特别意义和时代价值的。

全本能见经典的全貌，折子最见经典的“精神”。然而，究竟是要全本还是单折，取决于时代和观众。当下全本的再次流行，正是社会和艺术发展的需要。当观众对经典很熟悉时，人们撷取精华，需要折子；当经典全本已经不太为当代人熟悉时，全本自然又成了当下的需求。《临川四梦》的完整演出，既有利于当代青年观众全面完整地了解汤翁艺术，更有利于汤显祖在国际戏剧舞台的传播和影响。

传承首先要有代表性传承人。从《临川四梦》演出阵容，我们看到了上昆的传承有序。其实，此前的四本《长生殿》就可以说是上昆在当代传承取得成功的一个范例：以老带少，两代同台，蔡正仁老师与他的两个学生张军、黎安，实现了在经典剧目创作中的传承和弘扬。《临川四梦》的创排，是一次当代戏曲传承的范例，上昆“师带徒”“学馆制”等传承有序、有效的成功经验和做法，值得深入总结。

更为可贵的是，上昆《临川四梦》的完整呈现或者说全本演出，并不是汤显祖时代原本的简单复活，而是原著整体精神的再现和当代审美的再创造。首先，对原著做了合理的调整和缩略。如今显然已经不同于汤翁时代，剧本一定要更集中、更严谨。在保留原著精华的同时，让人物更鲜明、更生动也更感人。其次，突显以表演为中心的审美风范。《临川四梦》有节制地使用现代技术手段，既尊重了昆曲以表演为中心的审美风范，也为艺术家们充分展示表演才华提供了充裕的舞台空间，而对于青年演员来说，正是一次传承水平的检阅。第三，十分重视舞台总体节奏的把握和驾驭。此次观众在剧场的四个晚上，感受到的是戏剧情境的层层递进，昆腔艺术的美妙动听，让观众由衷敬佩主创人员对于原著的深刻理解和舞台的驾驭能力。

文 / 季国平

美哉一流

汤显祖的《临川四梦》是大智慧的结晶。汤显祖以对社会现实的敏锐观察和体验，对人生情感的深刻体悟，再加上诗人的生花妙笔，完成了这个杰出的传奇系列。如何尽可能完整地、准确地把《临川四梦》贡献给当代观众，是多年来戏剧工作者努力追求的目标。在纪念汤显祖逝世四百周年的时刻，我们终于看到《临川四梦》的全本演出。这个任务是上海昆剧团出色完成的。

上昆演出的“四梦”，最值得称道的是对汤显祖原作的尊重。剧本的整理改编者，都严肃认真地研究汤显祖剧作深刻的思想蕴含，力求准确地传达汤显祖原作的命意，不搞颠覆与戏说；演出本的词曲语言，也尊重汤显祖原作的“意趣神色”，最多是做一做减法，而不去另起炉灶。这严肃认真的做法是值得称赞的。现在舞台上的《临川四梦》，虽然难以保持原作的庞大规模，但是已经做到了故事的完整。舞台呈现虽然也做了一些现代手段的处理，但是原则上仍遵守戏曲艺术的舞台规律，保持了传统舞台的空灵。特别令人欣慰的是上昆“五班三代”各个行当的演员，在《临川四梦》的演出中，都有上佳的表现。上昆的《临川四梦》不愧为一流剧团、一流剧目、一流演员的一流演出。

如何选择合适的剧目，在保留传统折子的基础上，经过去芜存菁的科学处理，恢复原作整体的舞台生命，是多年来昆曲艺术家们努力钻研的一个大课题。上昆经过十几年的努力，能把《临川四梦》做整本演出，这是令人鼓舞的。人是传承文明的唯一载体。上昆这次的《临川四梦》演出，派出了强大的演员阵容。他们不仅建设了一支老中青少传承有序的演员队伍，而且有年轻力壮的笛师、鼓师和一系列精壮的后台队伍。所以，上昆的艺术创造底气十足。

在昆曲的保护和传承中，观众的培养也同样重要。我们欣喜地看到，经过各地昆曲剧团的共同经营，昆曲观众队伍的年轻化正在成为事实。十多年来，各地昆曲团体都曾把各种版本的《牡丹亭》送进高等学校，感动和征服了我国的青年精英。在北京、上海等地的高校里，听昆曲几乎成为大学生的一种时尚。这种时尚代表着一种希望。昆曲能做到的，其他戏曲剧种也应该可以做到。关键是必须拿出真正的艺术品。这次上海昆剧团来京演出《临川四梦》之所以大获成功，就是因为他们提供给观众的是当今一流的艺术品。

文 / 周育德

以戏曲文学带动昆曲传承发展

今年是汤显祖逝世四百周年，又是昆曲被联合国教科文组织列入人类口头和非物质遗产代表作名录十五周年。上海昆剧团演出的《临川四梦》既是对汤显祖的纪念，又显示了文化部昆曲抢救、保护和扶持工程的实绩。这表明，昆曲的保护、传承已由单个剧目的继承、排演走向整体的、更全面的继承和创新阶段。汤显祖的“四梦”除《牡丹亭》的折子戏经常演出外，其余“三梦”都很少演出。通过这次演出，使我们能够更全面地认识汤显祖，也启示我们应该更加重视昆曲文学在昆曲传承、发展中的作用。在推进昆曲艺术的保护、传承和发展的工程中，首先重视舞台表演艺术的抢救和传承是正确的，因为很多老艺术家都年事已高，如不及时抢救就会使他们的艺术失传。现在看，在继续进行这种抢救性的传承之外，应该重视选择那些文学性强的传奇剧本有计划地搬演于舞台，以推动昆曲的传承发展。

《临川四梦》中除《牡丹亭》外，其他“三梦”流传于舞台的只有《紫钗记》的“折柳阳关”，《南柯梦记》的“瑶台”等很少的几折。这次的搬演主要靠艺术家根据昆曲表演的规则进行新的创造。总的看来创造是成功的。上昆的几代演员为我们塑造了卢生、崔氏、宇文融等新的舞台形象，给观众留下了深刻印象。汤显祖是传奇文学创作的一位杰出代表，是昆曲文学园地里的一株最高的枝条，但昆曲园地里还有许多枝叶繁茂的大树。

《南柯梦记》舞台剧照

明代是一个戏曲作家蜂起的时代，梁辰鱼、张凤翼、周朝俊、吴炳、孟称舜以及后来的李玉、李渔、朱佐朝、洪昇、孔尚任等，都留下许多宝贵的戏曲作品，有待我们继续挖掘。

昆曲的文学和表演的发展经过了一个互相促进的过程。昆曲刚兴起时，并没有著名的大演员。汤显祖“自掐檀痕教小伶”，许多小演员都靠文人来教。到了清代，折子戏兴起，表演艺术逐步突出，他们在舞台上不断进行新的创作，以至创造出堪称经典的表演艺术。历史经验以及这次上昆的演出都证明，优秀的文学剧本是表演艺术创造的基础，优美的唱词和巧妙的关目都能起到推动舞台创造的作用。现在我们不但要把前辈创造的表演艺术继承下来，而且应该用他们的创造精神和积累的艺术经验来搬演那些没有搬演的优秀剧目，并在这些演出中继承发展昆曲的表演艺术。

文 / 安葵

《临川四梦》与上昆的担当

2016年7月中旬，上海昆剧团《临川四梦》世界巡演进入了北京阶段。上昆三代演员共同演绎的《临川四梦》，为昆曲的当代传承提出了新话题，同时也标志着昆曲的发展进入了一个新阶段。

汤显祖《临川四梦》里，除了《牡丹亭》之外，其他"三梦"在昆曲历史上留下的折子戏屈指可数。这就给上昆提出了一个重要的问题——我们今天要以怎样的态度从事昆曲剧目的创作？

上昆给出的答案，就是在从事创作时要排除各种理论上的干扰，努力保持昆曲特有的传统表演风格，而这又恰恰是上昆之所以能够在当代戏曲发展史中始终保持其优势的秘密。在20世纪50年代末，昆曲大师俞振飞曾用昆曲的表现手法将元杂剧《墙头马上》搬上舞台，在那个传统戏剧价值深受怀疑的年代，充分展现了传统昆曲非凡的表现力；而21世纪初，蔡正仁先生率领两代昆曲表演艺术家再一次将全本《长生殿》搬上舞台，基于"整旧如旧"的原则，用修复文物那样的心态与路径，为我们提供了新时代敬畏传统的新范本。而此次《临川四梦》的创作演出，正是俞振飞创作《墙头马上》和蔡正仁等艺术家创作全本《长生殿》的思想精神在今天这个时代的自然延伸。用昆曲的方法创作演出汤显祖的优秀剧目，不仅是当代昆曲新剧目创作的一种新的探索与尝试，在某种意义上，更体现了上昆坚守和延续昆曲传统文脉的努力。这一努力已经不止于对传统的继承，更是在挖掘传统，让那些已经在历史发展进程中湮灭了的传统剧目重见天日。

因此我们才可以说，《临川四梦》的创作与演出标志着昆曲的传承发展进入了一个新阶段。数十年来，我们一直在呼吁要尽快抢救昆曲的保留剧目，现在数以百计的昆曲经典折子戏已经得到及时抢救，只要假以时日，给新一代昆曲演员更多的演出机会，这些剧目已经完全有可能继续高水平地保留在今天的戏曲舞台上。然而我们还有更重要的工作需要去完成，那就是像《墙头马上》、全本《长生殿》和《临川四梦》的创作那样，努力挖掘传统。明清年间文人们创作了大量优秀的戏曲作品，未能呈现在今天的昆曲舞台上的佳作还有很多，昆曲经典剧目的挖掘工作，大有可为。

文 / 傅谨

走向世界的汤显祖

2016年，正值汤显祖、莎士比亚和塞万提斯逝世四百周年。

2015年，国家主席习近平在英国伦敦发表题为《共倡开放包容共促和平发展》的重要演讲，在演讲中多次提到了中英两国知名的文学作品和文学家。中国明代剧作家汤显祖被称为“东方的莎士比亚”，他创作的《牡丹亭》《紫钗记》《南柯记》《邯郸记》等享誉世界。汤显祖与莎士比亚是同时代的人，他们两人都是1616年逝世的。习近平提出：“中英两国可以共同纪念这两位文学巨匠，以此推动两国人民交流、加深相互理解。”

自2016年以来，我国各地以及中外不同机构所组织的纪念三位大师的活动，拉开了一道道帷幕。其中纪念汤莎两位大师的有：1月，上海举办《汤显祖集全编》和《汤显祖研究集刊》的发布与研讨会；3月，由江西省人民政府主办的中国戏剧家汤显祖逝世四百周年纪念活动新闻发布会在北京人民大会堂举行；4月伊始，在莎士比亚故乡英国斯特拉福德镇，来自汤翁故乡的采茶戏《牡丹亭》以及傩舞、手摇狮等抚州民间艺术次第展示；7月中旬，上海昆剧团《临川四梦》世界巡演在北京国家大剧院举行了四场演出，引起观众强烈反响。

近百年来，研究汤显祖与《牡丹亭》的中外著名学者也为传播汤翁作品作出了特殊的贡献。日本山口大学的青木正儿是最早将汤显祖与莎士比亚对比的学者，首倡东方的莎士比亚汤显祖之说。南京大学的钱南扬是对《汤显祖戏曲集校点》的最早注释整理者。浙江大学的徐朔方是“汤学”的奠基人。此外，还有中国典籍英译研究会会长汪榕培、哈佛大学的宇文所安、美国加州大学的柯恩等。

铿锵三翁行，世界皆发声。四百年来，莎翁和塞翁都走在前面，他们的戏剧和小说著作成为全世界人民家喻户晓的经典。由于语言的障碍，汤显祖全部戏剧作品的英译一直到去年才得以完成出版面世。伴随着中国的崛起、昆曲的演出和中华文化的传播，莎翁、塞翁和汤翁一定会更加愉快地走到一起，相携而行，走得更远。

文 / 谢柏梁

向伟大的戏曲传统致敬

上海昆剧团编创演出的《临川四梦》将汤显祖的四部传奇杰作进行了近乎完美的艺术呈现，这是昆曲界向伟大的中国戏曲传统致敬的最佳方式。《临川四梦》的演出为昆曲界乃至中国戏曲界带来了新的创编视角。

充分重视经典折子戏的文化内涵与剧种养成的作用。经典折子戏是昆曲表演艺术集大成的艺术载体，不仅高度呈现了昆曲音乐、表演艺术精华，而且还是剧目文学具体而微的再现；不但展现了昆曲的技法规范，而且也张扬着昆曲的艺术旨趣，特别是中国戏曲艺术之“道”所秉持的精妙的艺术体验之法在昆曲折子戏中体现得至为鲜明。昆曲折子戏的挖掘、整理和编创应该成为维持昆曲传统和艺术品格的重要基础。

充分重视明清优秀传奇文本的文学性，加大排演古典传奇大戏的力度。昆曲演出的文本大多是经由明清文人按照传奇文学规范所创作的作品，这些作品最重要的优势在于：剧目题材葆有昆曲文学的最高水准，曲牌音乐比较符合昆曲格律规范，作品风格比较契合昆曲情理并重、雅俗共赏的旨趣，特别是其中的一些折子戏还有留存，因此，整理改编优秀传奇大戏也最容易在剧目创新中取得较高成功率。

充分给予昆曲青年人才展示和拓展的空间。目前推动的昆曲扶持计划已经解决的是如何把昆曲艺术从老一辈艺术家手中传下去的问题，但还没有解决如何把昆曲艺术从新一代艺术家手中传开去的问题。应该吸收昆曲院团培养年轻传承人的经验，鼓励并扶持青年昆曲人在专场演出中展现自己对传承、对昆曲的独特理解，鼓励并扶持青年昆曲人借助小剧场演出等探索性方式来实践昆曲艺术的古老品质与时代的接轨，同时借助国家对戏曲的公益平台，让青年传承者在昆曲进社区、昆曲进校园的诸项活动中多演出、多思考、多提高。

充分重视昆曲传承团队在昆曲传承中的作用。团队是昆曲艺术传承发展的基础，目前得到高度关注的还是国家级传承人，包括笛师、鼓师、场面、舞美、身段教师、行头制作、曲社等在内的多元群体，还没有得到充分的重视。应该高度重视多元的昆曲团队在戏曲传承发展中的作用。

要高度重视“文学”在昆曲传承中的作用。文学是昆曲艺术的灵魂要素，昆曲传承的内核实际是诗性文学的最高旨趣。当前昆曲创作、整理工作中出现的文本不立现象，昆曲演出中出现的表演不到位，归根结底在于创作者、传承者对于文学的把握不足。建议在名家传戏等诸多昆曲传承发展工作中，加强剧目文学的教授与开掘。

文 / 王馗

第二辑

中英纪念汤显祖莎士比亚逝世四百周年高峰论坛

编者按

二〇一六年十二月六日，作为中英高级别人文交流机制第四次会议配套活动之一，由中国文化部与英国文化、传媒和体育部合作的《跨越时空的对话——中英纪念汤显祖、莎士比亚逝世四百周年研讨会》在上海举行。

《牡丹亭》的余韵尚未散尽，《亨利五世》中的士兵已在台上高声呐喊。汤显祖与莎士比亚的《同台》，拉开论坛的帷幕。上海昆剧团和上海话剧艺术中心带来的名剧片段，为与会嘉宾提供了融汇中西文化的精神盛宴和美学享受。有《中国莎剧王子》之称的著名艺术家焦晃对汤显祖、莎士比亚艺术作品的精彩点评，赢得热烈掌声。中英学者围绕汤显祖与莎士比亚所处的时代背景、各自的人生经历、美学追求、作品传播、当代价值等，探讨了两位戏剧大师对后世的影响及对人类社会的贡献。

著名表演艺术家焦晃主持中英纪念汤莎逝世四百周年高峰论坛

汤公莎翁作品的民族特色与世界影响

汤显祖和莎士比亚这两位人类的天才，都以对社会的深刻观察与探索，创作出富于人性光辉的文学作品，为人类文明增添了宝贵的财富。

当我们把汤显祖和莎士比亚这两位文学巨匠放在一起讨论时，首先发现的是他们鲜明的民族性差异。汤显祖和莎士比亚，他们生活和创作的16世纪末和17世纪初，两个民族远隔重洋，当时很少有文化交流。他们所处的社会文化环境、生活状态、艺术欣赏习惯、美学观念，以及他们著作的艺术形式和塑造的人物气质都大有差异，所有这一切差异形成了这两位文学巨匠和他们艺术作品鲜明的民族文化特色。他们各自代表东西方文化。

汤显祖时代的明朝，中国处于宗法制的统治之下，统治中国人的主流意识依旧是理学，控制人们行为的是礼教。莎士比亚时代的英国，经历了历时三四个世纪文艺复兴运动的洗礼，个性解放的旗帜已经被先进的思想家高高举起。人们信仰人的个性力量。

汤显祖笔下的杜丽娘没有自由，没有任何机会接近年轻的异性，连后花园也不允许游赏。杜丽娘的爱情欲望只能托之于梦想，她死于对爱情的渴望；而莎士比亚可以让罗密欧与朱丽叶出席宴会，可以让朱丽叶在阳台上和罗密欧畅叙恋情。

汤显祖生活的中国，封建主义还将统治两三个世纪。莎士比亚时期的英国，反对封建婚姻制度已接近完成。

东方和西方的人群欣赏戏剧的美学取向是不同的。汤显祖和莎士比亚剧作演出的场所和方式大有区别。汤显祖和莎士比亚的社会身份也不同。汤显祖和他同时代的多数中国戏曲作家一样，一辈子都不是职业的戏剧家，而莎士比亚是职业的戏剧家，汤显祖和莎士比亚都以极大的精力，以当时本民族流行的样式，从事戏剧创作。他们的剧作属于差异极大的文学体制。

以上种种，就形成了东方和西方这两位文学巨匠鲜明的民族特色。惟其如此，才有了对他们的人格和作品的比较研究。但是，这种民族性的差异，并不能绝对地妨碍他们的作品在世界范围内传播。汤显祖和莎士比亚既是属于本民族的，也是属于世界的。

世界上各民族尽管所处的社会制度不同，文化传统存在差异，但是所有民族的文学作品都是表达人的感情。汤显祖和莎士比亚都以他们杰出的作品揭示了人性所隐含的秘密，成为东西方都乐意接受的文化瑰宝。

汤显祖的剧本唱词是用文言写成的诗歌，翻译成现代汉语已经不容易，译成外文更加困难。尽管如此，汤显祖的剧作也被翻译成英、法、德、俄、日等不同的文字在世界各地传播。莎士比亚的剧作被翻译成多种文字在英语世界和非英语世界以不同的形式广泛传播，足以证明它是属于全人类，属于所有世纪的。

汤显祖和莎士比亚的剧作在世界各地的演出更加活跃。以昆曲《牡丹亭》为代表的汤显祖剧作也走出了国门，走向了世界，成为中华民族传统文化的象征。汤显祖的剧作不仅在法国、美国的都市剧场受到热捧，而且走进了莎士比亚的故乡，受到了英国观众的热烈欢迎。如果说英国的一部分普通观众是因为对中国戏曲陌生而感到稀奇，那么牛津、剑桥的教授和英国的文化人、剧评家对《牡丹亭》和中国戏曲艺术的高度评价，那就是充满理性的赞扬了。而在广大的英语世界里，莎士比亚剧作是戏剧舞台上的常客。20世纪初，莎士比亚的剧作已走进了中国。改革开放以来，莎士比亚更以辉煌的姿态走上中国的舞台和讲台。

这一切都说明汤显祖和莎士比亚的确是属于全人类的。随着文化交流的不断发展，他们的光芒将更加灿烂。我们对他们的纪念，将成为提升民族文化自觉创作新的艺术高峰的积极推动力量。

文／周育德

汤莎盛会：
“洋为中用”与中国声音的思考

汤显祖和莎士比亚分别是中国和英国的伟大戏剧家，他们都创作出了流传至今的戏剧经典作品，又同在四百年前逝世，今年的汤莎盛会引发了这样的思考，即我们应如何更深入地理解和实践“洋为中用”的原则，如何更好地在世界舞台上发出中国的声音。

20 世纪 60 年代提出的“洋为中用”方针，极大地促进了中国的文学发展，也推动了中国文艺走向世界。当今全球化时代，需要我们更多地在世界舞台上发出中国声音，而经典作品是中国声音的重要内容，因为在这些优秀经典作品中蕴含着民族核心价值观。我觉得，我们有必要在更深刻和更广阔的层面上理解“洋为中用”的方针，不满足于单纯的文艺作品引进和输出，更注重探索中外文化艺术间的深层次差异，探索中外文化艺术经典的形成机制以及与社会的关系，使“洋为中用”不仅落实于外国文学作品引进、改编和融合，而更落实在使本地作品更好地经典化，更好地弘扬和传承经典，使其更好地在世界舞台上与外国经典平等对话交流，使民族的经典真正成为世界的经典。

莎士比亚从一开始就以大众形式出现，其大众性质至今没有变化，莎剧传达的基本价值观依然得到当今观众和读者的认可和接受，莎剧提出的问题依然是当代人文所关注和思考的问题。莎剧是英国的文化地标，是世界上常年演出最多的保留剧目，莎剧是人们从小学到大学英语课程里面的必读内容，相关读物形成了一条经典作品链，营造出了一个让人时刻浸润在经典之中的文化和教育氛围。

莎士比亚属于大众，还体现在下面三个细节。第一，莎剧经得起并欢迎世界各国文学艺术家以各种形式对其进行改编；第二，莎士比亚在学术研究上百花齐放；第三，莎士比亚演出的戏前和戏后有教育作为呼应，比如在环球剧院的莎士比亚作品演出结束后，就会安排主创艺术家和观众分享创作经历，这样的做法有效支撑着莎士比亚作品的传播与传承。

我觉得，我们在新形势下通过这样的方式“洋为中用”，传承传播民族经典，提高文化软实力，并为通过经典传递中国声音提供了很好的参考案例。我们需要以开放宽容的态度保护鼓励并支持对经典作品的各种改编和再创造，鼓励对经典改编的争鸣和讨论，鼓励大众参与这样的讨论。

经典之所以是经典，是因为它活在每一个时代的大众之中，它与每一个时代的日常生活有特殊的意义和关联，“越是民族的就越是世界的”，不只是指经典作品存在于民族记忆中，而更应该使经典作品活跃在当下，活跃在人民日常生活中，就像今年英国纪念莎士比亚逝世四百周年，用的最多表述是“四百年莎士比亚活在当代”。民族经典中经过时代考验的价值观真正走近和走进亿万大众的生活，这时候民族的经典就成为世界的经典，同样，中国的声音也能真正在全世界传播并获得理解和认同。

文 / 张冲

文人、诗人与戏剧家

今年，世界戏剧史走进了汤显祖年和莎士比亚年。汤公和莎翁这两位同时期的戏剧家在不同的文化背景与生活环境下，同样都创作出了脍炙人口、超越时空的剧作。他们虽然已远离人世，但他们依然活在今天的舞台上，活在我们的心中。

1550 年汤显祖诞生在江西临川，67 年人生历程可以分为三个阶段：34 岁中进士以前是诗人；中进士之后做了 15 年小官；45 岁弃官归隐后着重从事戏曲与文学创作。当时正在高涨的革新思潮、各种异端思想以及儒释道等都不同程度影响了他。人们称汤显祖是言情派，他的“言情”肯定了人的情感需求，同时也宣告了人格、个性的独立自主。由于这种精神的发扬，他的艺术创作就充满了哲理性、主观战斗性和个性。汤显祖一生学殖广博，他的作品涉及历史、政治、教育、文艺、哲学、宗教等许多方面，而且在许多领域都有突出的成就。但他之所以在生前身后赢得了巨大的声誉，首先还是由于他的戏剧作品。汤公写作的完整的戏曲作品有四部，人称《临川四梦》。前二梦《紫钗记》《牡丹亭》讴歌人间的挚爱挚情；后二梦《南柯记》《邯郸记》揭露官场百态，感叹人生如梦。汤显祖曾说：“一生四梦，得意处唯在牡丹。”《牡丹亭》是汤显祖戏剧创作的最高成就。

莎士比亚戏剧呈现非常自由的叙事方式，时间、地点不受舞台约束，结构是开放的，流动的。而汤显祖的戏剧属于明代传奇，这种戏剧一改大都只有四折的元杂剧的惯例，成为长度和结构都比较自由的戏剧。

汤剧与莎剧是中英两种戏剧形式的最高代表。由于中英两国时代环境不同，汤公与莎翁两人的经历也就不同。汤显祖是典型的中国文人，诗文写作是他的人生之本，只有到了归隐以后才是他戏剧创作的黄金时期。而莎士比亚可以说是一个纯粹的剧作家，一生主要工作是编剧，而且是一个剧场人，常常在剧场中直接参与演出活动。所以汤公的剧本数量不像莎翁那样多，但汤显祖除戏曲以外还有许多不同文体的著作，而且戏剧的每个作品容量非常大，加以汤公丰富的人生阅历和多方面的知识水平，使得每一部作品内涵尤为丰富深邃。所以说，作为文化人，汤公与莎翁一样都是各自民族文化的杰出代表，他们都在时代的巅峰上竖起了文化的丰碑。

近百年来，中国人对于莎士比亚已经比较熟悉，但是对汤显祖却还比较陌生，而西方人对汤显祖则了解更少，所以我们面临着一个严肃的历史使命，那就是要下工夫真正读懂汤显祖，同时通过我们的努力，让世人了解一个真实的、生动的汤显祖。

近年来由于中国人民对民族传统文化的关爱，对国家软实力发展的重视，加上国际社会对非物质文化代表作的保护，大家对汤显祖的研究也随之深入。此时又恰逢汤公与莎翁逝世四百周年纪念年，这就使国内外这种研究与交流遇到了一个大好时机。我们有充分的信心让中国的汤学与西方的莎学一样，赢得越来越多人的了解与热爱。

文 / 叶长海

汤显祖与遂昌

“山也清，水也清，人在山阴道上行，春云处处生”是汤显祖笔下的“仙县”遂昌，汤显祖曾在这里主政五年，仁政惠民，泽被百姓，振兴教化，兴建“相圃书院”，创建“尊经阁”，重建“启明楼”，巡乡劝农、发展农桑，公平赋税。汤公重德政、重感化，“除夕遣囚”回家过年，元宵“纵囚观灯”，以至百姓安宁，赋成颂稀，呈现出“官也清，吏也清，村民无事到公庭，农歌三二声”的和乐景象。闲暇之余游览遂昌山川，创作诗篇200多首，并酝酿创作了《牡丹亭》。

“留得山城遗爱在，迎春岁岁入歌谣。”

转眼四百年，遂昌人民依然怀念着汤显祖这位明代县令。1984年创办汤显祖研究会，1985年民众集资在县城的妙高山建遗爱亭，特别是1995年建造了遂昌汤显祖纪念馆，在这里讲述了一个不是遂昌人在遂昌的故事。2004年，县人民政府一份颇具前瞻性的《汤显祖文化发展规划（2005—2016）》推出，为遂昌汤显祖文化建设绘就了清晰的蓝图。短短几年间，遂昌扩建了汤显祖纪念馆、中国戏曲学会汤显祖研究分会驻会遂昌、设立汤显祖研究中心、建起了昆曲十番传承学校、成立了昆曲十番古乐坊、开通中国汤显祖文化网、建造了汤公园、修建了启明楼、每两年举办一次大型汤显祖文化节、拍摄《班春》电影、排演婺剧《牡丹亭》、发行《牡丹亭》邮票、创办了全国第一个以汤显祖研究为专题内容的学术刊物《汤显祖研究通讯》、2014年又创办遂昌昆曲曲社，多次举办全国曲友会。

在遂昌石练镇，至今仍有一支民间“十番”演奏队，演奏着昆曲《牡丹亭》的曲谱手抄本，“步步娇”“皂罗袍”。农闲时节，田间地头，以这样简朴而生动的演出，表达着对“汤公”以及他的作品的热爱，延续着汤显祖这位伟大的戏剧家，与遂昌数不尽的缘分。

遂昌虽然是汤显祖人生旅途的重要一站，但毕竟只有短短的五年，为什么那里的人们对汤公有那么深的情感，为什么他留下的文化遗产，在这里被传承、发扬得那么好呢？我想是“情”，汤显祖的“至情”在遂昌这里演绎得美轮美奂，流淌四百多年的百姓遗爱之情，已然遍布了遂昌的山山水水，在遂昌，汤显祖一直不曾离开。就如白先勇先生所说：来到这里有一种穿越之感，仿佛与汤公只隔着一个转身的距离。

四百年过去了，对于我们做汤显祖文化研究的人来说，其实又是一个新的起步，我想遂昌人对汤显祖的情缘是永久的，因为老百姓非常喜欢汤显祖，念着汤公的情，卖番薯干的店铺取名“春香小铺”，还有“杜小姐的店”卖咖啡，遂昌虽然不是汤公的故里，但胜似汤公的故里。

情愫是相互的，汤显祖弃官归里后对遂昌士子百姓无限的思念和牵挂，这些淡淡的哀愁和对遂昌士民的浓浓挚情，都在他的诗文中有许多的表达。这位伟大的剧作家，晚年在梦中不时回荡着对遂昌的相思之情。

我相信汤显祖与遂昌的情谊，在当地世代传颂。

文 / 谢文君

汤公莎翁之异同及其当代文化意义

一、关于汤公与莎翁之异同

汤显祖与莎士比亚，出自不同国度、不同文化背景、不同生活环境；却同时代、同年谢世、同是艺术星空的双子星座。在肯定人自身价值和尊严、追求心性自由和幸福方面，取向相同。因而各自成为东方人文启蒙和西方文艺复兴的“时代的灵魂”“东西曲坛伟人”，他们超越时空的作品“不属于一个时代，而属于所有世纪”(本·琼生语)。两人相同相似处，主要有以下五点：

1. 他们都是时代的思考者和梦想者。站在时代前列、传播前卫思想、引领前进方向。

莎翁生活在英国伊丽莎白和詹姆士一世时期，正是英反思中世纪文明的文艺复兴时期，共同主题是：肯定人的价值和尊严，追求现实幸福和个性解放，反神学、反禁欲。

汤公生活在明代中晚期，正是阳明心学对程朱理学的反思时期，特别是作为王学左派的泰州学派，高扬“生生为仁、制欲非体仁、百姓日用即道、人人可为圣人……”主张放达心性、反禁情欲。他们共同思考：何为人的尊严、如何求得心性自由……。最现实的是婚姻情爱自由。而现实中神和理的势力太大，因而托之于戏、于梦。莎翁有“仲夏夜之梦”“老国王托梦”等；汤公四梦更是因情成梦、因梦成戏、以戏言情。“游园惊梦”“晓窗圆梦”“南柯一梦”“黄粱美梦”四梦都是通过梦来寄托作者和现实世俗的所思、所求、所欲。

2. 他们都讴歌爱情，讴歌被压抑的爱与情。

情爱作为食色人类最基本的两大需求之一的高端部分，总是艺术的不竭之源和永恒主题。汤、莎剧作均有大量表达。杜丽娘是至情典型，“一往之情 可生可死”；朱丽叶则“向死而生”，向着死亡的一种生存。两剧虽悲喜结局不同，但讴歌纯洁爱情，汤公莎翁有异曲同工之妙。且都反父权，实为反道统、反神权。

3. 他们都揭示复杂人性及其回归，深刻揭示人性被扭曲，生动展示人性之回归，给人信念与启迪。

“生存还是毁灭，这是个问题”是《哈姆雷特》经典之语。生与死、做与不做、去与不去……是典型哈式思维。这种纠结、困惑、犹豫，不仅反映在行动上，也反映在思考中。实际上是反映那个时代的人的困惑和纠结。这个问题，莎翁遇到，汤公同样遇到：如儒检抑或仙游，仕宦或者弃官，坚守还是放弃等等。反映在剧中人物杜丽娘、李益、淳于棼等身上，均有刻画描写。

4. 他们都用诗化的语言写戏，都是本语的语言大师，精美绝伦。只不过汤公用曲牌套曲，莎用散文诗，形式不同，都成语言典范。如“生存还是毁灭”“良辰美景”“赏心乐事”等，都是本语的经典名言。

5. 舞台叙述方式的突破和革新。莎剧有别于古希腊戏剧，既守三一律又时空转换十分灵活；这与中国戏曲的写意、虚拟、灵动，手法很相近。汤公对梦境的拓展，对套曲的革新等，都有成功的探索。

他们剧作的取材，往往都据现有的文学样式（小说、传说）或史料。如莎的《奥赛罗》（源于《妻不忠》）、《哈姆雷特》（源于《丹麦史》）、《终成眷属》（取材《十日谈》）等。而汤的四梦全都据传奇小说改编而成（《霍小玉传》《杜丽娘慕色还魂》《南柯太守传》《枕中记》），等等。

至于不同：二位大师的生活环境不同（如文化环境：一个是强调个体自我，一个则强调中庸无我）、人生经历各异、个人身份等都不相同。莎翁是一直活跃在伦敦（最后三年才归故里）的职业戏剧家；汤公却先官后戏，弃官归里后才集中写戏，并从事诗文创作、史学研究和讲学等，是典型的文人戏剧家。莎翁按三一律写话剧，汤公戏则是融唱做念打为一体的中国戏曲。莎剧37部，154首十四行诗，2首长诗；汤戏只4、5部，却存有2 200多首诗，近700篇文牍，等等。

总之，汤公莎翁思想、艺术同为前卫和不朽。其剧作在文学史上都具划时代意义，都彰显独具一格的艺术魅力和蕴含超时代思想内涵。因而，他们同为东西方百世不朽戏剧大师、世界“文学巨匠”。

那么，就世界影响而言，该如何看汤公当下还显得落寞了许多？

我们应该历史地、时代地看待这个问题。必须指出，一国文化影响力和文化话语权与该国的政经实力和综合国力，既相互关联又相互影响，而文化影响力就是文化话语权。两三百年前，莎翁的影响力也相对有限(连莎翁其人与其作所出，也一直都众说纷纭)，随着英国战胜西班牙无敌舰队，逐步取得海上霸权，英国国力一天天强盛、逐步变成日不落帝国，英语逐渐变成世界语，莎翁及其剧作也越来越走向世界……(类似情况，20世纪60—80年代的日本电影、21世纪前后的韩剧，均可找到例证)。可以想见，随着我国国力振兴、中华复兴，中国一天天走向世界中心，加上我们要更努力加油“走出去”，中国文化影响力和话语权，一定会有环球同热的那一天。这就是文化自信。作为汤公故里，我们更要有这种文化自觉。

二、关于汤显祖的当代文化意义（仅以汤公为例）

首先是作为艺术经典的汤公《临川四梦》的当代意义：

第一，从其文化意义来说，艺术经典是文化传承的核心载体。文化是民族的灵魂和血脉，是一国软实力的重要内容。而文化的生命在于传承，传承的核心载体是经典，文化主要是通过其经典来传承流播的。《牡丹亭》及《临川四梦》在当今世界范围内的演出流播，充分显示了中华优秀传统文化和艺术经典的当代生命力。

第二，从其名片作用来说，中国复兴和崛起必须是经济和文化的共同复兴和崛起。而文化影响力与一国经济实力既相互关联又相互影响。当下的中国，需要文化名片。经、文互促，共为民族复兴。汤显祖在中华文化史上树立了一座丰碑。他博学似海，人格如山。钦羡他的博学多才，更敬慕他的人格气节。汤显祖及其《临川四梦》，正是中国进一步走向世界、影响世界的一张崭新的文化名片。

第三，时代需要思考者。汤公是他那个时代的思考者，他的“贵生说”和“言情观”具有深刻的时代意义。他的“贵生说”体现生民为贵的人本思想；他的“言情观”是对存天理灭人欲理学道统的叛逆，“情不知所起，一往而深……可生可死”。这是非常精辟的话，是对个体生命的最高尊重，对自由的礼赞，对爱情的憧憬，对信念至死不渝的追求，体现了当时的前卫思潮。

第四，时代敬慕有魅力的人格。汤公的独立人格（不依不傍、不随流俗）、自爱精神及其坚守毅力（坚守民本、坚守至情、坚守独立人格），等等，至今仍有其独特的时代魅力。

至于弘扬汤显祖文化对于当下抚州的意义，更是不言而喻。一是更好地擦亮城市文化名片，推动民族优秀文化走出去，提高抚州知名度和美誉度。二是有力打造东方戏都，戏圣故里，海内外汤学研究高地，创国家历史文化名城。三是促文化旅游产业发展，促文化与产业融合，促一方经济与社会发展。四是以文化自信建设自信文化，提高市民文明素养和城市文化品质，建设文明和谐幸福新抚州。

文 / 吴凤雏

可以远观，更要允许亵玩

——我们对经典再传播的态度

前不久，一个韩国编剧给我们上了一堂节目策划课。原型是典型的“美式综艺”。

一个人到舞台上唱歌，要跟乐队合作，如果唱得好，乐队会开始为你伴奏，而且会一直陪着你玩，但若是发现你唱功不行，乐队就会逐渐停止伴奏——如果是几个人把乐器全部放下，那么，这个歌手就要下台了，Game over（游戏结束）。

但是我们普遍认为，这种节目形态在中国可能不会受欢迎。第一，中国缺乏像西方那样的“乐队文化”；第二，东方人的心态和西方人略有差异，中国人本来就很腼腆，不太会像西方人那样敢于上台展示唱功，人家好不容易上去唱了，又要饱受你们的“羞辱嘲讽”，这种节目未免显得“太不厚道”。

我们大家一起想办法，能不能反过来做？比如，候选者上去先是清唱，没人伴奏，如果清唱一分钟，还没人开始伴奏，那你就得下去了，如果唱得还不错，只要有一个乐手愿意为你伴奏，你可以多唱30秒。如果乐手们全都愿意为你伴奏，那这个人就可以把一首歌完整唱完。

我举这个例子，就是要说明东西方是存在文化差异的，我们不能只看到作品而无视它的文化特质。

历史上的许多经典，在不同地区的传播过程中，肯定都会受到人们有意或无意地改造。从主观上讲，会将其改造得更适应人们所熟悉的文化背景。在中国，改造国外的经典不难，最大的问题恰恰是如何对待我们自己的历史传统。我们经常会在修改中遇到“如何尊重原作”的障碍，因为我们太喜欢把经典当作一个固定模式看待，不能轻易动，好像一动，你就大逆不道了。但一部经典，如果不能因时因地被修改，就得不到更广泛的流传，尤其在这个互联网时代，内容传播已经从 PGC（专家生产内容）演化到以 UGC（用户生产内容）为主了，这种“敝帚自珍”的僵化思维尤为不宜。

比如：四大名著中《西游记》被改编的次数最多，类似《孙悟空三打白骨精》的故事，无论是连环画、快板书还是六龄童的绍剧，都没有严格遵循原著，而是做了很多删改和延展。我小时候看日本拍的《西游记》电视剧，觉得怎么不习惯啊，是日本人不懂吗？但长大后，却发现《西游记》在影视中被改造得最不像原作的，恰恰是中国人自己——周星驰，他拍了《大话西游》电影，更多人不仅喜欢看，还形成了一种影响“80 后”、一代人的强大的亚文化。

《三国演义》的命运也一样，16 世纪传到日本后，三百年来默默无闻，直到江户时代，由于特殊的政治和社会原因，才渐次广为传播，日本人又结合了陈寿的《三国志》、把原来的一百二十回本删改成了五十回本，其实，除了保留了故事主干，整个小说几乎是被重新创作了，特别是 1836 年出版的《绘本通俗三国志》，终于在日本掀起了一股“三国热”狂潮。

1971 年，横山光辉推出了漫画版《三国志》，不仅影响了我们这一代人（譬如我的一位朋友，20 世纪 90 年代企业管理学畅销书《水煮三国》的作者，就采用了日本《三国志》漫画的风格），日本人还把它拍成了动画片，电竞公司紧跟着又推出了著名的《三国志》游戏。

人类的文化发展史，其实，就是一部不断地“去中心化”的启蒙史。文艺复兴如此，互联网时代也是如此。也就是，把对经典作品的话语解释权，逐渐交还给每一位读者。

没有一个舞台剧或文学文本，会在它一诞生的时候，就具有所谓的“经典性”。“一千个人，就有一千个哈姆雷特”。哲学家罗兰·巴特说过：“作者已死！”意思就是，作者写完这个作品以后，作者的主宰地位就已经被颠覆了，文本获得了独立的自由地位。

我为什么说，中国人在对经典的解释上存在障碍？首先，是教育的原因，我们过分追求知识和标准答案了；其次，我们内心一直有一种恐惧感，生怕遭受来自社会的规训与惩罚。我们真是太缺乏想象力了！我们很少会把经典文本作为一位可以畅谈的朋友，而只会匍匐在地磕头、磕头、再磕头。

作品倒是越来越“伟大”了，而你则卑微到尘埃里了。

2016年，我在伦敦学习期间，专门看了英国人做的戏剧，让我感受极深的，是所有学校里的小孩子们，可以按照不同的方法来排练经典名剧。甚至我看到的莎士比亚《亨利四世》，把场景都搬到了二战的枪炮之中。

今天，许多中国的剧院，也尝试用多种方式演绎名作，像上海中福会儿童艺术剧院，最近就排演了一部给儿童观看的《巴黎圣母院》，就把卡西莫多演成一个类似“金刚”这样的猩猩，爱丝米拉达则是一只翠鸟。小观众们可能不懂什么是爱情，但他们肯定懂得什么是亲情、友情，什么是偏见和愚昧，以及人多势众之下的残忍。

我认为，真正伟大的作品，恰恰就是经得起不同人的解释和演绎的，不断地被修改，甚至是被抄袭、甚至是被糟改。糟改的次数越多，越能说明这个作品的厉害——受不了各种折腾和磨难，活不下来的，也肯定算不上是好作品。莎士比亚的戏剧，不就是通过不同时代、不同国家、不同民族的人，用各种形式来演绎，一步一步走到今天的吗？

可是一碰到我们中国的经典戏剧，我们开放的心态就没了，好像要被刨祖坟了。这个也不能删，那个也不可动，就像某些领域，多年来慢慢形成了一个精英小圈子，专门用“笔墨、气韵”一类谁也听不懂的词儿，相互恭维，顾影自怜，完全是一副自绝于人民的架势。只是一谈到钱，大家马上都不装了，眼睛绿得像狼一样。

没错，艺术是需要情怀，但情怀不等于自恋。梅兰芳先生当年正是虚怀若谷、博采众长，才成就了今天京剧的地位。一切艺术的核心竞争力，就是你所独有的那种“一直被模仿、从未被超越”的方法论和价值观。而且，经典自身也是会不断变化、成长的，“解释权”一旦被固化，再好的作品，都会跟人们的距离拉大。

中国有句名言：道不远人。如果某个节目只有蔡正仁老师能演，其他人都不能演，我们姑且可以把它奉为文物精品，但是想要传承，您就别指望了，最后只能成为博物馆作品。

所以，艺术就是要好玩儿，也就是能让大家都来玩——这一点，我特别喜欢王珮瑜所做的京剧普及工作，她的主题就叫《京剧，其实可以很好玩儿》；另外，经营人比经营一两部作品更重要。观众不仅是观众，他们已经是我们创作的一部分了，观演之间的关系要社群化、长期保持互动。现在是UGC时代了，艺术家更要持开放心态，别老把自己当祖师爷，只有用户（User）原创的内容（Content）不断地进入你从事的这个领域，源头有水了，你这条鱼才能活。

还有一个，我要强调的，不管你愿意不愿意，你必须了解今天“90后”和“00后”的想法。中国人很容易被自己的年龄束缚了眼界和思想，不能只用经验来判断艺术的未来，那会错得太离谱。

我前面说过，莎士比亚不就是被一代一代的“非主流人群”不断地重新解释、修改、翻拍的吗？一部《哈姆雷特》，我们看过美国华尔街金融战的电影，一部《罗密欧与朱丽叶》，莱昂纳多·迪卡普里奥不就出演过迈阿密现代黑帮恶斗的版本吗？古代人用剑决斗，放到21世纪他们怎么处理？导演很聪明，索性把枪战戏中的手枪，都用剑的名称来命名，比如，一把意大利伯莱塔手枪，他起个“青锋剑”，怎么样？也很酷。

反观汤显祖，《临川四梦》，现在很多人只记住一个《牡丹亭》，而且90%可能也就记住了《游园》《惊梦》这两出，这倒也无所谓，许多事情“二八原理”也是正常的。问题是，我个人觉得，《邯郸记》《南柯记》多好的题材，和现实的对应感是多么强烈啊，怎么没人碰呢？后来想想也明白了：碰了，不一定安全，不碰，最安全。

我并不是主张，艺术创作要一味迎合年轻人的趣味，从某种意义上讲，艺术应该是高冷的，不容忍现实的，但最好的艺术家，也应该是看得到未来的——甚至，艺术的思考就是紧盯着人类未来命运的。那么请你多接近年轻人群体，这个建议没错吧？

经典的可远观，代表我们对历史的尊重，但可亵玩也很重要，这是一个作品让人感到亲切的理由。亵玩，不等于亵渎。

我想问在座诸位，大家可能听说

过“二次元”，可你们知道什么是“三次元”吗？在“00后”的认知世界里，“三次元”就是虚拟现实，他们突然发现，这个戏剧环境他们也能参与进来，成为整个表演的一部分，这可能就是基于未来互联网技术发展的观演关系。所以，现在这种二维、单向、无交互的电视形式，一定会死亡，而且结束的日子不会太长了。不过，我不认为一个行业的死亡是件坏事，死亡之后，我们都会迎来更激动人心的重生。

大概是30年前，我参与拍摄了中国第一部介绍互联网的电视专题片。第一集一开始，我设计的画面就是中国长城，我说，这也是古代的信息高速公路，那是靠点狼烟来报告军情的，不过长城的重点是在于防守，保住我们的城池和土地。中国人筑墙是有传统的，这或许跟农耕文明的“守成意识”有关。

到这个片子结尾处，我拍了当时全国第一个设端口接入国际互联网的机构：中科院高能物理研究所，也就是做“正负电子对撞机”的那个单位。正是他们发出了第一封电子邮件。我写道：这封邮件的划时代意义，可用八个字形容：“越过长城，走向世界！”

历史已经告诉我们，所有筑墙的行为，最终都被证明是无效的、失败的。我希望，我们今天一定要拆掉心里的这堵墙，用更开放的心态迎接这个多元社会，不固步自封，鼓励各种尝试，也许你今天所认为的“正确”，都将被明天否定！

互联网已经消除了一切人的优越感。

文／骆新

剧坛并世数汤莎

汤显祖和莎士比亚两位伟大作家都是在 1616 年逝世的，至今整整四百年了。

中国人曾经非常喜欢看戏。一百年前，中国绝大多数老百姓是文盲，但是他们也受到某种程度的教育，这种教育中一部分来自于他们看戏的经历。

鲁迅的文章《社戏》带有自传性质。鲁迅讲述了他十一二岁的时候从鲁镇到乡下作客，在清明节过后与他的同伴到赵庄看戏。赵庄年年演戏，称作社戏。他们坐了一位亲戚的船，挤在船头看戏台上的演员打仗。戏台搭在临河的一块空地上，河上挤满了大大小小的船，戏院竟是河流！

鲁迅的家乡在绍兴，那里河道纵横，是中国最富裕的地区之一。当地的老百姓非常勤劳，巴掌大的一点土地都会用来种植庄稼和蔬菜，空地是极为稀少的，这是临河搭建戏台的原因。

鲁迅的《社戏》写于 1922 年，他回忆往事，语气是亲切的，但是丝毫不兴奋。演出平平常常，他甚至有点失望。当时的鲁迅已经不看传统戏了，他认为中国还有更重要的事去做——改造社会。我后面还会再说到他。

比鲁迅早三百多年，一位西方人士也注意到中国人喜欢看戏："我相信这个民族是太爱好戏曲表演了。至少他们在这方面肯定超过我们。这个国家有极大数目的年轻人从事这种活动。有些人组成旅行戏班，他们的旅程遍及全国各地，另外一些戏班则经常住在大城市，忙于为公众或私家演出。毫无疑问这是这个帝国的一大祸害，为患之烈甚至难于找到任何另一种活动比它更加是罪恶的渊薮了。”这是利玛窦的文字。他接下来讲到戏班里的小孩子，他反对强迫儿童从事专业训练，这可以理解。但是利玛窦显然对中国人喜欢看戏持负面的看法，他的态度让人想到 17 世纪英国内战时清教徒关闭戏院的理由。

利玛窦其实对中国是十分友好的，《利玛窦中国札记》充分体现了他对中国文化和生活方式了解的程度。他是耶稣会士，负有传教的使命，但是他有深湛的自然科学知识，把天文学、数学和地理学的知识带到中国，实际上从事的工作起到了沟通中西的作用。他穿中国的袍服，学习汉语，擅长文言文写作，结交了一批极为优秀的士大夫，还亲手绘制了反映当时最高水平的《坤舆万国图》，让中国人认识到，山外有山，天外有天，中华文明之外还有其他文明；地球是圆的，中国并不是处于世界的中央。

利玛窦 1578 年到印度果阿，1583 年由澳门进入广东的肇庆府（两广总督驻地），在当地建起中国第一个天主教圣堂和会所。据徐朔方先生考证，汤显祖 1592 年（万历二十年）路过肇庆，可能见到过利玛窦，因为他写了七绝《端州逢西域两生破佛立义，偶成两首》。当时由澳门进入肇庆居留的欧洲神父就只有利玛窦和另一位。（这事还有不同的解释）汤显祖是信佛的，他并不在意西域两生传教并“破佛”，更不会将他们视为敌人。中国人的宗教没有排他性，这是一个典型的实例：“二子西来迹已奇，黄金作使更何疑。自言天竺原无佛，说与莲花教主知。”“莲花教主”是说汤显祖自己。还与他们交流：“画屏天主绛纱笼，碧眼愁胡译事通。”汤显祖对“画屏天主”没有丝毫恶意。

汤显祖的戏剧代表作是《牡丹亭》，问世已经四百多年了，今年是汤显祖逝世四百周年，中国正在举办各种纪念活动，也出版了不少相关书籍。我们今天回顾中国的戏剧传统，与鲁迅时代已大为不同。如果 20 世纪头 20 年中国缺少文化自信，现在的中国要与自己的优秀文化传统接轨。

《牡丹亭》的梗概人们都熟悉，我不多介绍了。我想特别强调《牡丹亭》里第一波“全球化”的痕迹。晚明皇帝派官员到澳门收宝，宝物来自世界各地，有的来自非常遥远的地方。

当时最受欢迎的是各种自鸣钟，但是汤显祖并没有提及："这是星汉神沙／这是煮海金丹和铁树花／什么猫眼精光射，母碌通明差／嗏，这是鞑靼柳金芽／这是温凉玉斝／这是吸月的蟾蜍／和阳燧冰盘化。"

当时西域还送来三棱镜，白色光通过三棱镜会将各单色光分开，形成红、橙、黄、绿、蓝、靛、紫七种色光即色散。令人遗憾的是三棱镜所包含的光学知识并不能得到中国人的理解，它反而被归为宝石一类，与上面提及的那些宝物没有本质上的不同。汤显祖显然没有对西域的机械制造（钟表）产生兴趣。

《牡丹亭》的爱情超越一般时空观，这是汤显祖的独特贡献。杜丽娘和柳梦梅的爱完全不是堂吉诃德那种所谓的骑士之爱，他们的爱既是难以想象的，也是现实的、肉体的，与那种理想化的爱情异趣。

我感兴趣的是《牡丹亭》里那位书生的自我评价。柳梦梅来到澳门（香山嶴），当地有皇帝派来的收宝官员，他与外国人、通事（翻译）打交道，出高价收购了很多宝物，柳梦梅路过此地，有机会欣赏。这是他的自述："自笑柳梦梅，一贫无赖，弃家而游。幸遇钦差，寺中祭宝，托词进见。倘言话中间，可以打动，得其赈援，亦未可知。"可见他是很会算计的，心底里并不高尚，想得到一点好处，颇有点流浪汉的特点，自己总是待价而沽。结果多宝寺的住持看他有斯文的外观，就满足了他看宝的愿望。当他得知这些宝来自远方，就问是飞来还是走来。问的原因是他想到了自己。他说："这宝物蠢而无知，三万里之外，尚然无足而至。生员柳梦梅，满胸奇异到长安三千里之近，倒无人购取，有脚不能飞。"宝物虽是真的，"饥不可食，寒不可衣。看他似虚舟飘瓦"。真正的宝物是他自己："小生倒是个真正献世宝。我若载宝而朝，世上应无价。"柳梦梅运气好，拿到了一些对方的资助。如果这些资助不期而至，那也说得过去，事先筹划好，就不大光彩了。汤显祖在这二十一出留下伏笔，到了《牡丹亭》的第五十一出，柳梦梅高中状元，这就变成了俗套。讨论《牡丹亭》，应该涉及这些细节，但是我从未见到这样的观点。这是为什么呢？应该问一问。考试对他们而言是改变身份的手段，一旦目的达到，故事也就结束了。《牡丹亭》遵循的，就是这样的逻辑。做官、光宗耀祖就是目的。实际上考取状元之后，自己面临更大的挑战。如何为官？如何服务公众？可惜中国传统戏剧一般到主人公成为成功人士（没有什么成功比状元的称号更令人激动）之后就结束了。

柳梦梅这样的读书人我们倒是经常见到的。他们自视太高，甚至沉迷于不现实的自我高度评价之中。考试制度变成一把双刃剑。一方面确保阶级的流动性，下层人士通过考试为官，理论上人人平等，朝为田舍郎，暮登天子堂，但是一旦读书是为了做官，功利心太重，就缺少“仰望星空”的能力；再则他们有书本的知识，但是缺少实际的经验。另一方面，他们好像爱上了自己，自我的积极评价并不利于道德上的成长与完善。（正如托克维尔在《旧秩序与大革命》中一系列十分精辟的观点：作家们不仅向 18 世纪的法国人提供了思想，还把自己的情绪气质赋予普通人。“全体国民接受了他们的长期教育，没有任何别的启蒙老师，对实践茫然无知，因此，在阅读时，就染上了作家们的本能、性情、好恶乃至癖性，以至当国民终于行动起来时，全部文学习惯都被搬到政治中去。”）

我认为汤显祖也可能会有他自己的盲点，这是不必避讳的。状元故事都发生在成功之日以前，“金榜题名”之后，作家们就假定成功者都是“享尽荣华富贵”，人人一样。这种潜意识很容易变成“腐败文化”的基础。

在《牡丹亭》中，春香是应该特别谈的。我以为汤显祖的民主立场充分表现在他对这位丫鬟的刻画上。她社会地位低下，说起话来却底气十足，绝不让人。英国社会阶级意识强，没有仆人会像春香那样当着主人的面伶牙俐齿。莎士比亚笔下也没有这样的女性。春香有福斯塔夫的巧智，却没有他的罪过。

《牡丹亭》大约在 16 世纪末问世，过了半个世纪，中国大变。北方少数民族大举南下，1644 年明朝灭亡，清朝取而代之。那时的英国也爆发内战，查理一世被处死，英格兰成为共和国，直至王政复辟。1688 年的光荣革命奠定了现今英国政体的基础。英国之所以能在相当长的历史时期称霸世界，是与国内的和平分不开的。中国寻求“现代中国”，差不多在汤显祖创作《牡丹亭》的时候开始。比如美国汉学家史景迁就把现代中国的起源划定在 1600 年左右（《追寻现代中国：1600—1912 年的中国历史》）。这本书 1990 年出版，第二版的时间是 1999 年（已经翻译成中文），可惜，史景迁完全未能预见到后来中国所取得的成就。

再回到鲁迅。鲁迅《社戏》的开头部分与后面小时候看戏的经历并立，主要描写了戏院场子里人们的言谈和行为。读者清楚地意识到，鲁迅后来完全否定传统戏剧，甚至以不看旧戏为荣。中国的现代文学过分看重外国文学，当时的作家几乎无一例外都是翻译家，这种状况在世界上非常少见。现在我们与自己的文化传统讲和，但是还要持更开放的态度。对《牡丹亭》的欣赏并不意味着闭关自守，相反，改革的大门只会开得更大。旧戏新演，将更多考虑如何走向世界。城市里的高楼大厦仿佛不断在问："我们从哪里来？到哪里去？"人们更想在玻璃幕墙上看到自己文明的古老面孔。新的演出就像桥梁，把中国跟过去相联系，也跟世界相联系。

90年前英国数学家、哲学家怀特海就说："人类精神上的远航必须由人类的多样性来供给材料和驱动力。习俗不同的其他国家不是敌人，它们是天赐之福。"多样性包含着差异性，但是差异非但不是绝对的，有时甚至能送给我们惊喜，这已经成为大家共同的理念。在这丰富多彩的世界里，《牡丹亭》那样的作品，只要演得得当、出色，就是"天赐之福"，就是一份惊喜。于是它的意义不限于此——它还是桥梁，连接差异性的桥梁。在我所工作的中国社会科学院文学研究所，曾经有一位研究德国文学的冯至先生，他年轻时写过中文的十四行诗，有一首题目是《威尼斯》，里面有这样的诗行：我永远不会忘记 / 西方的那座水城 / 它是个人世的象征 / 千百个寂寞的集体 / 一个寂寞是一座岛 / 一座座都结成朋友 / 当你向我拉一拉手 / 便象一座水上的桥 / 当你向我笑一笑 / 便象是对面岛上 / 忽然开了一扇楼窗。

希望《牡丹亭》就是这样的一座桥，就是这样的微笑和楼窗。

文 / 陆建德

世界期待美感，我们会更加努力用心

今天，中国和英国的戏剧工作者在上海聚会，可以看作是汤显祖和莎士比亚在天之灵，神游上海的一次欢聚。他们一定十分高兴，大概会说：“你有没有想到，留在世界上的剧本会在四百年后成为东方和西方文化交往的友好桥梁，有劳你们了。”他们大概还不忘这样关照我们，戏剧是人们把握世界的一种方式，启迪人们更清醒地认识世界，认识自己，感召人们，以更积极的态度去面对世界。

四百年后的今天，世界仍期待着美感，可是我们面临的却是各类的商业大潮对人们审美视野的不断冲击。此时此刻，我以为舞台更应该坚守的仍是两位大师所倡导的优良传统，人文的关怀。我有幸曾主演过莎士比亚的喜剧《无事生非》和他的历史剧《安东尼与克莉奥佩特拉》，这两部不同题材的人物创造都是我演员生涯的重要部分，大大丰富了我的演员语汇，扩展了创作的手段。我想世界各地凡是有追求的演员，知道了我们今天的纪念活动，也一定会和我们一样如此表达对两位大师的敬意，感谢你们对人间美好事物充满热情的经典剧作，给演员提供了深广的创作天地。演员看中的是剧本，你们规定下的严格的演员创作课题，我们会继续挑战自己，去用心、努力，让世界继续美下去。

文／焦晃

从《哈姆雷特》到《喜马拉雅王子》

我有一个“哈姆雷特”情结，这同我从舞台开始自己的导演生涯有关，也同我的戏剧家庭有关。当年报考艺术院校，父母要我准备的独白就是“生存还是毁灭”；家父56岁临终前，最想排的戏就是“哈姆雷特”。自然，排演“哈姆雷特”纪念我英年早逝的父亲，成了我的一个夙愿。可是，怎么重新演绎这部莎士比亚的经典？我不禁陷入思考。终于，有一天和一个朋友在纽约的咖啡馆聊天时，无意间，我们说到了西藏。突然，一个想法在我的脑海里闪过：如果，让“哈姆雷特”在离天最近的地方询问自己的出生和归宿：我从哪里来？到哪里去？生存还是毁灭？……是一种怎样的情景？那一刻，神秘的西藏蕴育了“哈姆雷特”，就是电影《喜马拉雅王子》诞生的初夜。

记得小时候看过一部黑白电影《王子复仇记》，是劳伦斯·奥利弗导演主演的“哈姆雷特”，这个1948年版本得到了奥斯卡最佳影片金像奖，奥利弗也获得最佳男主角奖。可是，年幼的我不明白为什么电影里的母后在父王去世后，很快就和叔叔结婚了。这个疑惑一直跟随我从少年直到青年。当我决定拍摄这部电影的时候，我必须要寻找到那个答案，那个能揭开我内心尘封多年的“悬案”的题解。这也成了我改编这部名著的内在动因之一。《哈姆雷特》是全世界改编得最多的电影，之前有39个版本，《喜马拉雅王子》是第40个版本。我要拍一部完全不同的“哈姆雷特”，不仅仅是形式上的不同，而且是内涵上的不同。这部新的“哈姆雷特”对自己命运的询问是否也有一种向精神彼岸敲门的意味呢？“哈姆雷特”从诞生之日起，就是莎士比亚对世界的一次宣言，是文艺复兴崛起的檄文篇章，是走出黑暗中世纪的“人”独立思考的个性象征。神权，王权，被哈姆雷特的“审慎的思考”掀起了社会变革的涟漪波涛。平心而论，《哈姆雷特》不是莎士比亚写得最好的剧作，却是他的四大悲剧之首。正是因为“哈姆雷特”这个人物的意义非同一般，他是那个时代的精神的体现。

《哈姆雷特》最早也叫《丹麦王子》，这似乎让《喜马拉雅王子》有了一种冥冥中的暗合对应。朗依三十九世法王（活佛）说，“把西藏和莎士比亚的结合是一个创举！”。我们电影中的西藏不是商业消费，不是陌生者的猎奇，不是雪山高原的风光旅游，它是实实在在的存在，历史和现实的存在。用西藏演员，讲藏语，在西藏拍摄，是我拍摄《喜马拉雅王子》的前提。力图在景和人的对应中传达出一种精神，一种意味，一种独特的美丽。为此，我找到了西藏著名作家扎西达娃和诗人多吉才郎参与剧本的再度创作，并两次进藏体验生活，了解西藏文化。我在西藏若尔盖“裁景”的时候，达扎十七世活佛给了我建议：第一，故事要放在唐朝之前（松赞干布统一西藏之前）；第二，电影里最好不要有宗教。活佛还给了“哈姆雷特”一个藏族名字“拉姆洛丹”（藏语：智者的意思）。原著中的哈姆雷特本身是一个“痛苦的智者”，他在理性思考中获取新的思想，行动的准则。为何复仇？何时复仇？如何复仇？他的无尽的思考，是心智的挑战，情感的整合，使得这位王子充满了“踌躇顾虑”，铸就他成为一个“思想者”——文艺复兴时期的典型知识分子。而《喜马拉雅王子》这部作品的主要推动力是什么？是血缘。母亲和叔叔是一对青梅竹马相亲相爱的恋人，大王——哥哥看上了弟弟的女人。王是一切的主宰，天下女人都是他的，这对恋人的命运出现了逆天的变化。可是，在新婚前夜，这对深情的恋人在广袤的草原上“天和造爱”。他们的爱情没有泯灭，爱的结晶却悄然长大，直到大王发现了他们的恋情。在大王动手前，他们杀了他。大王的鬼魂告诉了奔丧回来的王子“弑君”的秘密，让他不辱使命替父报仇。可是，母亲却千方百计阻止儿子的“复仇”，直至最后告诉王子，他要杀的人是他的亲生父亲。王子的世界坍塌了，理性和感性、责任和血缘，命运在步步逼近，身世在向他发出最后的挑战！灵魂在向他一次次呼唤！他该怎么做？他该如何做？生存还是毁灭？这个戏出现了很有意思的转折。“血缘之谜”让这个戏出现了前所未有的动力，人和命运出现了新的抗争。

这是一部关于“爱”的主题，而不是“复仇”主题的电影，是颠覆了“阴谋篡权”的复仇故事，是探寻“爱和宽恕”的故事。神秘的身世和血缘之谜让剧中人充满了苦痛：爱的无助，爱的危险，爱的付出。《喜马拉雅王子》传达的也许是一种“爱”的轮回，爱的永恒。

英国19世纪画家约翰·米莱斯有一幅著名的油画“奥菲利亚”，画了美丽的奥菲利亚死亡前躺在水里的一刹那，画面给我留下很深的印象。我在电影里重建了这个场景。并加了一场奥菲利亚溺水而亡前“生产”的戏。她在水里生了一个孩子——她和哈姆雷特的儿子。电影几乎重复了米拉斯的色彩和构图。人是从水里而来，文明也是从水开始的。剧终，“哈姆雷特”拉姆洛丹在死之前，托起了他的孩子“喜马拉雅王子”。英文有个词“Cathasis”，意为：净化，清理，宣泄。好的悲剧一定有净化提升人的心灵的作用，并非仅仅是把“美的东西毁灭给人看”，莎士比亚悲剧的伟大就在于他让人从悲剧中升华。

电影《喜马拉雅王子》在国外引起了很大的反响，也得了不少奖。电影在纽约上映了三个半月，并在美国莎士比亚协会2009年的年会上首映，获得了特别嘉奖。祝词写道：“电影《喜马拉雅王子》对莎士比亚的《哈姆雷特》进行了大胆独特的成功改编，是对莎士比亚的极大丰富。”纽约鲁本博物馆收藏了《喜马拉雅王子》，是至今为止唯一收藏的中国电影。《纽约日报》评论说：如果莎士比亚还活着，《喜马拉雅王子》会让他大吃一惊，但他一定会很高兴。这同已故的著名电影人黄宗江先生当年看到电影后的评论几乎一样，他对我说：“如果莎士比亚还活着的话，他一定会说胡雪桦理解他的精神。”

这部电影的创作有三个尊重：就是尊重莎士比亚，尊重西藏文化，同时，也必须尊重我们自己。

文／胡雪桦

汤莎艺术与城市文脉

——看敬畏经典、激活传统的当下意义

2016年上海昆剧团集五班三代人的人才优势和近十年积累准备，将《临川四梦》四本大戏一气呵成搬上了舞台。我们最近完成了上海话剧中心《临川四梦》完整的演出。一方面我们觉得非常自豪和光荣，但另一方面我们确实也觉得非常孤独。走出文化的自卑，走向文化的自强，今天我们共同纪念汤显祖和莎士比亚，我想本身就是民族文化意识的一种觉醒。文化自信离不开传承，对非物质文化遗产昆曲来说，摆在面前的当务之急是保护和传承。

目前全国国宝级昆曲表演艺术家，上海昆剧团占据了三分之二，他们在《临川四梦》中既是演员角色扮演者、又是艺术指导，很多戏都是他们的学生演的。目前来说，如此厚重的历史积淀在全国是无人能望其项背的，随着中青年艺术家接过传承的大旗，上海昆剧团已经完成了新老交替的代际转换。

汤显祖和莎士比亚的作品能够被奉为世界文化瑰宝，充分说明了其能量，在艺术上有一点是相似的，值得我们探究，两位大师作品都赋予传承与创新，是这两种创新理念的完美乐观结晶。提到《临川四梦》，大家都会说《牡丹亭》，殊不知《南柯一梦》典故其实早在汤显祖之前就已经流传于中华历史。汤显祖四部剧作故事本身都出自唐代的小说。先传承然后注入创新的技艺，

在汤显祖的笔下梦是现实，现实是梦，这是中国戏剧史上非常辉煌的创新，照亮了后世的艺术创作。

在长期实践过程中传承不忘创新，创新不弃传承。这些经典是铸就昆曲精神的根基，无论沧海桑田，这些精神内核凝聚了我们中华民族的审美情绪，在任何时候都得到完整的继承和发扬。

上海昆剧团今年组织了《临川四梦》巡演 48 场。莎士比亚在欧美不仅是文学，是文化，同时也是商业的，是一个社会话题。英国今年纪念莎士比亚逝世四百年，当地媒体做了一项民意调查，在一份“最令我感到自豪的名单”当中，75% 的受访英国人把票投给了莎士比亚。

反观自己，要把汤显祖做到那样的接地气，我们还存在很大的差距。如何打好我们的文化牌，与城市文脉紧密结合，扩大它的影响力，我们也一直在思考，在努力。观众是剧种发展的生命力，优秀的舞台作品只有接受观众和专家共同检阅，接受市场考验才有更强的活力。

2016 年纪念汤显祖逝世四百周年活动，上海昆剧团还成功完成了文化部在北京举办的纪念汤显祖系列活动，并且我们做了开幕式演出，受到业界和学术界一致高评，认为这是激活传统、敬畏文化的榜样。

我们的足迹遍布北京、上海、广州、深圳、昆明、贵阳等国内城市。第一站广州大剧院四天，“四梦”卖出了 100 万元，大剧院的经理没等戏演完，就来问明年你们来演什么？我第一次感觉到国家大剧院位置少了。我们远赴国外，将汤显祖文学巨匠推向了国际，为国家文化走出去战略增添精彩。这次规模空前的巡演，更重要是把中国的文化情感传递给了全世界，深信经过我们几代人的共同努力，将来必有一天汤显祖也会像莎士比亚一样，在世界各地赢得应有的礼遇和尊重。

文／谷好好

京剧语境下的《哈姆雷特》

2004年春天丹麦首相访华，并来上海。陪同来访的有中国驻丹麦大使甄建国，大使先生甫一抵沪即托人联系上海京剧院，说在丹麦有一叫科隆堡的历史遗址，传说是丹麦王子出生的地方，莎士比亚的《哈姆雷特》故事就出于此。近百年来，几乎每年都办“哈姆雷特之夏”，世界各国的剧团都聚集在科隆堡，专门演出《哈姆雷特》，唯独没有中国戏剧家登场。甄大使以他对国内各大剧院的了解，认定上海京剧院可以担当此任……于是，就有了今天的话题，即如何在京剧语境下表现莎士比亚的作品。

决定排演《哈姆雷特》后，我们考察了历史上众多戏曲演绎莎士比亚的改编方式，觉得或多或少地存在为了“凑合”莎士比亚而努力改变自己的舞台艺术语汇，唯恐自己不够莎士比亚的情形。有些创作实例，甚至令人尴尬。

这便促使我们想一个问题，能不能做一出比较地道的纯粹的京剧，既有莎翁的精神，又充分表现出中华的审美。我们感觉在跨文化艺术实践中，如果不能坦然面对不同的文化和艺术的差异性，不去勇敢地迎接文化融合与交流的天然难度，会是很乏味的。

经与编剧冯钢，导演石玉昆再三合计，决定在京剧语境下来完成对《哈姆雷特》的诠释，否则没有意义。

在京剧的语汇和语境下来诠释莎翁的作品，我们相信京剧的表现力。京剧的语境，是依托于中华审美意识的舞台艺术语汇，是一种从具象生活中抽离出来，加以提炼的有规则的舞台表演法则。其实，所有的艺术语汇都是提炼和有规则的。但是，中国戏曲（京剧）提炼和抽离的逻辑出发点有所不同。因此，它的表现形态就与西方戏剧大相径庭。

用地道京剧表现莎士比亚的《哈姆雷特》，很多人担心老外会看不懂。我们知道老外有欣赏艺术和尊重文化的传统，同时对异域文化的观赏也有一种猎奇心理，这是历史或者文化传播态势造成的客观事实。但是，如果我们的文化艺术交流止步互相的“猎奇”，那只是“物质”层面的交流，很难进入“制度”的层面，更无从谈“意识”层面交流。

好在莎士比亚作品为我们的创作构想提供了天然的桥梁。我们在创作京剧《王子复仇记》时，把时间和空间进行了大转移，设置为中国的春秋时期。那是一个“礼崩乐坏”的时代，弑兄篡位，违背人伦的行径，并不鲜见。剧中人物名字都改为中国式的。比如哈姆雷特，在我们的戏里改称为“子丹”。事实上，单音节、双音节人名称谓在春秋时代是常见的，这既有历史感的考虑，也有合乎京剧声韵节律的考虑。另外，也是“丹麦王子”简化与倒置的隐喻。

京剧《王子复仇记》的表演贯穿性运用了京剧的程式语汇。王子在城头上巡夜，跟他父亲的亡灵相见一场，该唱则唱，该念则念。在老外看起来是非常新颖的舞台调度，在京剧观众看来一切顺理成章，尽在套路之中。其间，京剧各个行当应有尽有，关键是演员表演的情绪要到位，要准确。

2005 年夏天，京剧《王子复仇记》在科隆堡连演五场，引起轰动，成为这届“哈姆雷特之夏”最为瞩目的演出。当地报纸进行媒体投票，评我们的演出是五星级。据介绍，丹麦文化自我意识很强，把本地剧团演出看得很高，外国的剧团评为五星的几率极低，这次是个例外。一位当地资深记者跟我说“我看过无数的《哈姆雷特》，看了无数个王子之死，但是你们的王子之死给我的心灵震撼是最大的”。她为什么会这么说？其实，我们在处理王子之死时，调动的是京剧的表演程式。在一段悲切动人的唱念之后，王子徐徐做“探海”动作，突然转身接“射燕”，紧接挺身“僵尸”，轰然倒地。这样的舞台艺术处理，确实为这位具有文人主义情怀的思想巨人，内心却犹豫纠结的王子，找到了一个独特的“死亡”方式，出乎西方观众的意料……

此后十多年间，京剧《王子复仇记》先后在荷兰、德国、西班牙、法国、英国，包括美国、加拿大十几个国家和城市演了一百多场。尤其在爱丁堡国际艺术节上连演三场，将近3 000个座位，无一虚席。爱丁堡国际艺术节艺术总监乔纳森称赞“《王子复仇记》的演出很特别、很精彩、很圆满，用独特的方式向英国观众解读了哈姆雷特”。当地名流，一位艺术节赞助者高度评价《王子复仇记》，说“在艺术节的3 000多台节目中,《王子复仇记》的艺术水准处于真正的高端”。《王子复仇记》被当地主流媒体《先驱报》授予“先驱天使奖”。

2016年9月，京剧《王子复仇记》在芝加哥哈里斯剧院作为“北美纪念莎士比亚逝世四百周年演出季开幕式”演出剧目，赢得盛誉。芝加哥艺术博物馆亚洲部馆长埃莉诺，看完演出后，给中国驻芝加哥总领事洪磊先生写了一份热情洋溢的电子邮件，说“我从没想到以中国传统形式演绎（西方）经典剧目，尤其是在表演、服装和布景上超过我的预期。细节方面也非常极致，将背景转化成中国古代，非常棒的作品”。

从京剧《王子复仇记》的初始创作到此后的演出运行，我们体会到艺术交流与传播，要更多考虑到文化传播的有效性，不要用我们的一厢情愿，反而要正视中西方文化差异，要勇敢地去创造性地想一些问题，把我们文化最有魅力的地方跟当地的观众交流，把我们对作品最为真切的感受表现出来。因为，观众无论东西，对艺术对人生的美好追求与向往是一致的，是共通的。

文 / 单跃进

汤剧与莎剧国际传播刍议

历史是如此的巧合，中英两位最伟大的剧作家诞生在同一历史时期，而且同年谢世。他们的文学成就以及通过他们作品所体现出来的哲学思想和人性光芒不仅照耀着中英两国人民，而且惠泽世界。如果就事论事，这两位巨擘的作品难分伯仲，然而从作品的影响力来讲，莎士比亚已是全世界几乎家喻户晓、妇孺皆知的人物，而汤显祖显然做不到，因此分析研究莎翁的影响力，一定要关注他的传播力，因为莎士比亚的影响力主要来自他的作品的传播力。

一、莎剧已成为儿童读物和孩子成长的伴侣

相信大多数中国人都有这样的经历，小时候只知道莎士比亚而不知道汤显祖，我也如此。孩提时代就听母亲讲过李尔王的故事，以后还看过《莎士比亚故事集》，记得这是专门给少年儿童普及莎士比亚戏剧编的故事读本。后来上海少年儿童出版社还赠送过我一本装帧非常精美的以图片为主的《莎士比亚故事集》。这是我亲身体验的莎剧在中国少儿中的传播。莎翁在中国这一异国他乡尚且如此接地气，在他本国的普及自不待言。以后我长大了逐渐读过好多英伦文学作品，乔叟、笛福、狄更斯、哈代、拜伦、勃朗特、劳伦斯、柯南道尔等，他们的作品都很吸引我，但从作品的影响力与传播力来说，

都不能与莎翁比肩，莎士比亚是英国文学甚至是欧洲文学乃至世界文学中的“圣经”。可贵的是这一文学“圣经”并非高高在上、束之高阁，而是非常注重与强调在少儿中的启蒙。

二、莎剧的传播并不局限于剧作而是全方位的传播

我们每个人接触莎士比亚可能并不都是从他的剧作开始，我最早接触的除上述讲到的莎剧故事以外，就是《王子复仇记》的电影，是孙道临配音的那部黑白影片。以后看到的有话剧，但也有越剧、京剧、歌剧、芭蕾，记得20世纪80年代，著名话剧导演胡伟民排演的越剧《第十二夜》在上海还引起不小的轰动。至于根据《哈姆雷特》改编的音乐剧《狮子王》更是誉满全球、登峰造极。因此莎翁已经不仅仅拘囿于原有的艺术形态，而是向其他艺术形态广泛渗透，因此他所取得的传播效果要远远超越原生态的坚守。

三、莎剧的传播与时俱进洋溢着时代精神与现代气息

我当了12年上海国际艺术节的总裁，曾引进好多莎剧在上海舞台演出。我最先看到世界名团德国斯图加特芭蕾舞团的《罗密欧与朱丽叶》，那几乎是原汁原味的；然而后来引进的德国莱茵歌剧院芭蕾舞团的《罗密欧与朱丽叶》就已经是现代版了，老爷车开上了舞台，小伙子都穿起了牛仔裤和牛仔衣，罗朱两家族发生纠葛进行械斗时，双方都端起了冲锋枪和卡宾枪。更现代的是田沁鑫导演的话剧《罗密欧与朱丽叶》，她让罗家与朱家分列两队，女人都是露脐装紧身皮裤，男人打着耳钉，衬衫扣子解到第三颗，互相用京片子骂骂咧咧。至于罗朱两家为什么要斗殴，戏中也有新的诠释：因为朱家借了罗家四辆自行车一直未还，因此结怨成仇。田沁鑫的“罗朱”之恋，就在这样完全世俗化现代化国情化的语境中展开。在保留莎翁原著气质的同时，无论形式与内容都更贴近现代中国语境，接中国地气，使这一外国古典爱情悲剧，变成与现时中国观众生活休戚相关的、悲喜交加的中国式爱情故事。不光是《罗密欧与朱丽叶》，其他如《驯悍记》《温莎的风流娘儿们》《无事生非》《仲夏夜之梦》《第十二夜》等莫不如此。

四、莎剧的传播与旅游景观密切配合

大凡去过英国旅游考察的人，都会去莎士比亚的故居艾芬河上的斯特拉斯福，现在不光是当年莎士比亚居住的带院落的小木屋，整个斯特拉斯福都成了莎士比亚的领地，来瞻仰凭吊这位不朽文学巨匠的游客络绎不绝。除了莎翁故居以外，莎剧中的故事发生地也成为旅游热地，尽管有些地方有些穿凿附会，但人们宁信其有，不信其无。我去过据说是麦克白城堡的原地，城堡的女主人还曾与我会晤。还有众所周知的意大利的维罗纳小城，传说中罗密欧与朱丽叶的爱情小屋，现在几乎成为热恋中的善男信女的朝圣地。如此等等，不一而足。莎剧就此得到立体的感官的全方位源源不断传播。

综上所述，莎士比亚这种国际意义上和现代意义上的传播正是我们汤显祖乃至中华文化在传播上的缺失。好在这些年我们对汤显祖，尤其对他的代表作《牡丹亭》的演绎与传播有了长足的进步。我主持中国上海国际艺术节期间，我们有不同凡响的举措：我们在上海兰心大戏院曾请日本歌舞伎的代表性人物坂东玉三郎演出全本的昆剧《牡丹亭》，一位日本艺人用中文演出演唱《牡丹亭》实属不易，当时轰动中日，连演八场，黄牛将演出票炒到1 500元一张。我们还将南京军区战友文工团创排的民族舞剧《牡丹亭》作为艺术节的开幕演出，当结束时杜丽娘与柳梦梅携手从高处归去，杜丽娘的红色牡丹裙覆盖整个大剧院舞台，惊心动魄，美轮美奂。还有在上海青浦朱家角的课植园里实景演出昆剧《牡丹亭》，情景融汇，人戏入画，吸引了不少青年观众前去观赏。

其实，汤显祖的《临川四梦》，甚至汤显祖的生平，包括旧地，都有丰富的开采价值，需要全面系统策划。尽管汤公与莎翁的文化背景、生存环境、人生阅历各不相同，但从莎剧的国际传播经验来看，有很多值得我们借鉴与学习的地方。怎样讲好中国故事、传播好中国文化是值得我们花力气破解的重大课题。

文 / 陈圣来

曹禺与轰动世界的
中国首届莎士比亚戏剧节

我亲身经历了改革开放30年的变革，感受到了30年来中国莎士比亚文化事业的发展。1986年我参加了首届中国莎士比亚戏剧节，它的规模和影响在莎学戏剧史上是前所未有的，当时共有25台剧目参演。如此浩大的规模，如此众多的演出在世界莎剧演出史上也是空前的。曹禺先生参加了莎剧节的全程，他对莎剧节卓越的贡献主要表现在以下三个方面。

第一，狠抓演出剧目质量，展示中国演出艺术的一流水平。在莎剧节第一次召开筹备会议前夕，曹禺先生亲自来到上海，听取筹备情况汇报，称赞这是一件大好事，说这一次的莎士比亚戏剧节就是我们新的努力，在戏剧节上把莎士比亚艺术的种子遍植撒在中国文化的土壤上。

首届中国莎剧戏剧节演出25台剧目，国内外观摩代表都觉得首届莎剧节质量上没有辜负曹禺先生的殷切期望。开幕式剧目是上海戏剧学院的《泰特斯·安德洛尼克斯》，这个戏不仅气势磅礴，场面浩大，更可贵的是主创人员在人物形象上的精心刻画，揭示了人物丰富复杂的内心世界。主演的发掘使这个角色更加丰满，终于在舞台上成功地塑造了一位有城府、有韬略的罗马大将。

一位美籍教授称赞，辽宁人艺演出的《李尔王》是

“一出真正中国化的，能为更广大中国观众所欣赏的莎士比亚戏剧”。李尔王扮演者表演真实准确，具有诗的韵律和震撼人心的力量。大幕一拉开，一种凝重的气氛扑面而来。演出以真实表演荒诞，使观众从现实逐渐向象征升腾，感觉到这不仅是写一个人的命运，更是写整个世界的命运。

第二，曹禺支持鼓励多样化的莎剧创作，让莎翁成为亿万人民的知音。正如他在莎剧节闭幕时所说，我们以各种各样不同的形式演出莎士比亚，有广大中国人民喜爱的各种地方戏曲，有许多学生剧团组成的莎剧演出，甚至有莎翁原本按英语演出的莎士比亚。所有这些劳动创造都在舞台上发出它们独特的光彩，在中英之间架起了美丽的桥。

他认为这是中国观众接受莎士比亚的重要途径，早在中莎会成立之时，曹禺便在致词中提出“做莎士比亚的知音”，指出要是我上演的每一个戏都让观众接受，起码有兴趣，最好有所得，做到了这一点就是胜利。首届莎士比亚戏剧节演出的亮点是以戏曲编演莎剧，这关系到东方文化与西方文化融合的问题。

而且这些剧目的改编方式各具特色，有黄梅戏的《无事生非》，越剧《第十二夜》《冬天的故事》，成为用不同改编风格在莎士比亚戏剧节上涌现出的优秀剧目。昆剧《血手记》的演出在国内外引起震动。1987年夏，在世界上最大的艺术节——英国爱丁堡艺术节上，昆曲《血手记》受到了狂热的欢迎。这个戏被媒体认为“取得了令人难以置信的艺术效果”。

1996年4月，我应邀参加第六届国际莎学大会，国际莎协秘书长、英国莎士比亚协会主任普林格先生对我说，“前任国际莎协主席菲利普·布洛克班克教授观看了黄梅戏《无事生非》等戏曲莎剧后非常激动，去世前还对我们说，在莎剧研究和演出方面我们得了一场慢性病，死气沉沉，中国却搞得很有生气。我们的病需要用中国的药来治。莎士比亚的春天在中国”。后来我出版了一本莎学的专著，书名就叫《莎士比亚的春天在中国》。

第三，强调文艺队伍的团结，齐心协力搞好首届莎剧节。曹禺始终十分强调文艺队伍的团结。首届莎剧节上的东北二人转与河南的豫剧《罗密欧与朱丽叶》以及庐剧、京剧、粤剧等戏曲莎剧纷纷问世，后来上海京剧院又演出了京剧的《王子复仇记》等。曹禺先生谈到首届莎剧节曾非常深沉地说，“中国的戏剧文化，我们将来要通过中国的戏剧节来集中体现。中国的戏剧文化在世界剧苑里边是一片鲜花般绚烂。向中国人民介绍宣传莎士比亚，希望我国人民做莎士比亚的知音”。这次首届莎剧节的成功有力推进了中国戏曲莎剧的演出。

1986 年 4 月 23 日，在首届莎剧节闭幕词中，曹禺满怀深情地说，“4 月 23 号莎士比亚诞生了，同样 4 月 23 号莎士比亚离开了人世。他作为人的生命逝去了，但他的思想和艺术的生命是永存的。我们永远听得见他的声音、他的语言。他的思想的翅膀在我们头上翱翔，他的激情的火焰在我们心里燃烧。我们不光要引进，我们还要把我们的种子撒向世界。悠久的中国文明是我们的骄傲。今天的中国对于世界文化的贡献将更加巨大”。

文 / 曹树钧

汤莎逝世四百周年活动中的意义与作用

汤显祖、莎士比亚这两位文学巨匠逝世四百周年，对于中外戏剧都有着重要的意义。中国开放到今天，文化和中国梦必须从文化切入，这是一个非常重要的课题。研究汤显祖的作品要为我们所用，虽然说到他很多人会感觉比较陌生，好在我们这么多年来昆曲成就了《牡丹亭》，由《牡丹亭》使我们想起了汤显祖。

《牡丹亭》中瑰丽的爱情传奇，以典雅唯美的昆曲来演绎，相得益彰，四百年来不绝于舞台。昆曲的《牡丹亭》以其文学和艺术的双重审美当之无愧地成为中国戏曲美学的最高典范和中国优秀传统文化的代表。昆曲发源地职业院团的江苏省苏州昆剧院以独特的方式走进《牡丹亭》，以自身不断的传承实践解读《牡丹亭》对于中国文化复兴的意义，领悟保存历史真面目、保卫传统记忆、增强文化认同感和凝聚力、探索实践活态传承的21世纪文化复兴和文化建设的核心内涵。

由著名作家白先勇先生担任总制作人，江苏省苏州昆剧院联合海峡两岸和香港文化艺术精英共同打造的青春版《牡丹亭》，自2004年首演至今已经于海内外演出三百场，演出足迹遍及各大城市，并远赴欧美等舞台，参加众多有影响力的艺术节庆演出和国家级重要演出。直接进场观众超过60万人次，青年观众比例达 75%，通过其他媒介观看欣赏超过1 亿人次。作为海峡两岸和香港文化精英共同投入推动完成的文化经典，开创了昆曲当代传承和创新的经典范例，成就了青春版《牡丹亭》文化现象。

2016 年，列入文化部 2016 年年度对外文化工作框架和江苏省文化厅 2016 年度重点对外文化交流项目，江苏省文化厅与苏州市政府主办实施的中国昆曲青春版《牡丹亭》赴英国演出活动，于 9 月 25–30 日在伦敦特洛伊剧院演出三场。同时进行青春版《牡丹亭》新闻发布会，中英双方莎士比亚和汤显祖戏剧理论比较对话，剑桥大学国王学院和牛津大学组织昆曲折子戏演出及工作坊等文化交流活动，以此推进中英两国文化交流，弘扬优秀中华传统文化，唱响中国声音。

我们遇上了最好的时代，作为艺术传承者和保护者，更有一个要把具有代表汤显祖《牡丹亭》审美的昆曲艺术坚持下来的使命，但是我们不排除各种形式对它的表达，比如说跨界的，比如说电视的，我们希望更多的人能够走进来，但是更重要的，要扎扎实实从教育入手，现在在苏州小学四年级以上到高中都可以看一场《牡丹亭》，我们希望通过扎实的努力树立起民族文化的自觉自信，同时我们要通过纪念汤莎逝世四百周年的对话，担负起这个时代的责任。

文 / 蔡少华

昆曲与汤显祖的《临川四梦》

汤显祖的作品是昆曲现存的折子戏当中最多的，现在能够在舞台上演出的折子戏大概是一百多折，其中二十多折是汤显祖写的戏，他给昆曲留下来的遗产是最多的。我觉得他对人物刻画的细腻和深度给昆曲表演带来了很大的空间。

我从小学的第一折开蒙戏是《惊梦》，这出戏给昆曲的表演艺术，对我们一代代传承都起到非常重要的作用。这些剧目经过几代人的打磨，成为昆曲非常丰富宝贵的财富，也是昆曲演员自己安身立命的高峰，大家常会用《游园惊梦》的演出水平来评价一个演员。

“四梦”的丰富性就在于汤显祖不仅仅写的是儿女情长，才子佳人，还涉及社会百态。我觉得汤显祖对人物的刻画，尤其是对杜丽娘的刻画，内心既困惑又复杂。他把人物写得那么细腻但内心又非常有激情，用昆曲唱腔表演出来是那么典雅缠绵，人物在载歌载舞中呈现的是那么优美而精致。当年我是十二三岁的小学生，我们第一次登台演出《游园惊梦》时，并不懂这些唱词和人物，我们就照着老师教的一字一腔唱，一招一式的动作，一个个规范的程式来表演，现场观众都情不自禁地鼓起掌来。艺术的严谨，程式的表演，多少代留下来的经典表演方式，这里面有很多我们可以去理解的。

今年上海昆剧团把“四梦”完整版推出来，让大家非常激动。我希望通过今年这样的纪念活动，能把汤显祖的《临川四梦》更好地推向世界。

文／岳美缇

不同的浪漫：为爱而死与死而复生

——论汤显祖与莎士比亚戏剧在中外芭蕾舞剧中的精彩

古往今来，中外文艺作品尽管浩若烟海，但却没有超出“爱”与“死”这两大永恒的主题，而这种为爱而死、惊天动地的浪漫故事俯拾即是，其中可举中国戏剧家汤显祖的《牡丹亭》和英国戏剧家莎士比亚的《罗密欧与朱丽叶》为典型。

在中外学界同时纪念汤显祖与莎士比亚逝世四百周年的特殊语境下，我通过阅读和思考后惊喜地发现，汤显祖的《牡丹亭》可谓初而为爱而死，或者说，为了得不到的单相思之爱而死，继而因死不瞑目转而复生，极具浪漫主义的情怀和自由回旋于生死两界的想象力，终而从入梦转向出梦，完成了作家本人爱情至上的心路历程，恰如他在该剧的《题词》中所言：“如杜丽娘者，乃可谓之有情人耳。情不知所起，一往而深。生者可以死，死可以生。生而不可与死，死而不可复生者，皆非情之至也。”的确，我们在朗读《牡丹亭》的文本时，的确可以享受其文字带来的满口余香；我们在聆听《牡丹亭》的唱腔时，更可以享受其挚爱的余音绕梁。事实上，《牡丹亭》穿越时空的生死之恋，不必借助于现代科技，便能缠绵悱恻，令今人堕入至情至爱的梦乡。

而莎士比亚的《罗密欧与朱丽叶》，则同是初而“为爱而死”，或者说，为了至死不渝的爱死而无憾，极具现实主义的悲情和爱情至上的价值观，终而以两条年轻的生命为代价，化解了两大家族的世代冤仇，完成了作者身为人本主义者的历史使命。

两部作品同为世界文学史上的经典之作，却表现出了两位剧作家个人成长经历和两国文化特质的种种不同，由此凸显出世界文学的多样化魅力。

作为舞蹈评论和研究工作者，我拟以汤显祖的《牡丹亭》和莎士比亚的《罗密欧与朱丽叶》这两部文学经典为题材的芭蕾舞剧为个案，进行有趣的比较和分析，并与诸位分享我 34 年来在中国艺术研究院从事舞蹈研究的快乐。

中央芭蕾舞团的《牡丹亭》

作为《临川四梦》中最令人回味和赞叹的经典剧目，汤显祖的《牡丹亭》一直深受中国舞蹈家的青睐，这里仅以创作和表演实力最强的“国家队”——中芭版本的视频为例，并以其“为爱而死”且“死而复生”的情节为例，加以点评。

在对《牡丹亭》的种种探索中，我以为，最大胆且巧妙的创意，莫过于为女主人公杜丽娘设计的“三我”——少女杜丽娘、花神杜丽娘和昆曲杜丽娘这三者间的虚实关系与个中意趣，通过不同人物的形象塑造、动作编排、时空转换和细节设计，足以令我们久久回味……

在这个版本中，若即若离的身体接触使人心力交瘁，擦肩而过的人生际遇使人心灰意冷，缠绵悱恻的儿女情长使人身心陶醉，实实在在地创造出了一部“人鬼不了情”的芭蕾舞剧！唯一的美中不足则在于，编导和舞者们在大肆张扬西方芭蕾的修长线条之美时，显然还应继续寻找某种同中国人含蓄内敛之美的融合方式！

而在“为爱而死并死而复生”的表现上，中芭的处理则是值得回味的：创作者没有动用舞段或者动作，去再现杜丽娘究竟是如何去“死”的，而是充分利用了“三我”中“昆曲杜丽娘”的精彩唱段，来折射出这个令人震撼的“死亡”场面。

英国皇家芭蕾舞团的《罗密欧与朱丽叶》

欧洲编舞家最早根据莎士比亚名剧《罗密欧与朱丽叶》编导的舞剧始于 18 世纪的法国，这里试举英国现代版和法国当代版为例，来分析两个国家、两位不同风格的编导家是如何以不同的观念、意识、方法和技术，如何将眼神和哑剧等写实手段巧妙地融入诗意的芭蕾双人舞语言，从而清晰易懂地表现出罗密欧与朱丽叶“为爱而死”这个主题。

英国现代版是由肯尼斯·麦克米伦编导的，其最大特点是去掉了古典芭蕾的单纯炫技，而强调了“为情设舞”和“以舞宣情”的编导原则，进而使得两位标题主人公的形象在浓烈的情感和高难的技术齐头并进、交相辉映的同时，感人肺腑地脱颖而出。

这其中三段卿卿我我、温馨细腻的男女双人舞作为整部舞剧张力铺陈的极致表现，同广场上那些屡屡爆发的刀光剑影、频频发生的你死我活之间，构成了极大的反差，确保了“文字语言”的莎士比亚悲剧在“非文字语言”的芭蕾舞剧中也能得到充分的表现，并在不经意中，显示出莎翁后裔不可救药的戏剧天赋！

法国当代版是由让·克里斯多夫·马约编导的，而与芭蕾舞剧史上的诸多版本相比，这个版本的主要特征是在从动作语言的选择，到服装、灯光、布景、道具等各方面的创作，都要更加大胆、简练、抽象、写意，充分体现出法国人特有的浪漫情怀与肆意想象——首先，他根据芭蕾舞剧的“非文字语言”特点，对莎翁原作和现代版芭蕾舞剧中的大量人物、情节和细节，大胆地删繁就简，结果少用了40分钟的时间，便将莎翁这部“文字语言”的经典，提纲挈领且印象深刻地表现了一遍。其次，他在古典的写实风格与当代的写意风格之间，找到了一种开门见山的表达方式，确保了观众在欣赏的过程中，一方面对情节的理解不因舞者突如其来的哑剧手势和夸张扭曲的面部表情而游离太远，另一方面又能将“非文字语言”的动作在抒发感情时的那种痛快淋漓去借题发挥，感同身受地进入主人公的内心世界，甚至与他们同呼吸、共命运，并让内心的郁闷乘着泪水宣泄出来。

作为爱情悲剧，罗密欧与朱丽叶间的接吻方式也有别出心裁的设计，并给人留下深刻的印象。在灵床上，罗密欧通过电影的“慢镜头”手段，优美而浪漫地创造出了这样一种“于平凡中见神奇”的场面：他先用手去指点，后用嘴去吮吸，最终则将朱丽叶的嘴唇，连同头颅和整个躯干神奇地提了起来……不仅展露出主人公纯洁无瑕的心灵深处，而且赋予了这首千古不朽的爱情绝唱，以惊天动地的神奇威力，每每令各国观众叹为观止，并且留下了深刻隽永的印象！

文 / 欧建平

汤显祖与莎士比亚伟大艺术成就的总体比较和评论

文艺创作的基本规律有普遍适用的共同性，因此汤显祖与莎士比亚的伟大艺术成就从总体上看，颇有共同性。反过来，我们也可从他们的伟大艺术成就提炼、论证和总结文艺创作的共同规律。今仅以中国文艺理论对文艺作品评判的四个最高要求和一个重大特色，即用中国的理论话语，尝试观照和评论汤显祖与莎士比亚的伟大艺术成就，总结创作经验，给当代文学艺术家以重大启发。

一、笔补造化

笔补造化是中国文学艺术作品的最高要求之一。优秀的文艺作品，尤其是天才的经典作品，能笔补造化，能够超越自然和社会人生。例如《牡丹亭》中杜丽娘的人鬼之恋和死后复活；《南柯梦》和《邯郸记》代人立心，“以鬼斧神工般的笔触，为野心人物造像，穷其心态，穷其丑态，获得极大的成功”。

莎士比亚也有“人艺足补天工”，即“笔补造化”的精切认识。莎士比亚虚构众多英国国王夺权的种种事迹、罗马大将安东尼与埃及艳后克莉奥佩特拉的刻骨铭心的爱情历程、哈姆雷特变幻莫测的复仇心理和行动，等等，都是充分舒展艺术想象力，摄取一切、重新组合或凭空构思一切，并给以细节丰满、结构严谨、立意高远的精彩描写。

二、艺进乎道

艺进乎道也是文学作品的最高要求之一。

莎士比亚的悲剧被史雷格尔誉为“哲理悲剧”，别林斯基认为莎士比亚能从个别中看到普遍，从形象中体现思想，这些都是“艺进乎道”的一种表达。但西方美学仅止于此，中国美学的艺进乎道，不仅指能表达哲理、哲学的哲理诗或哲理作品，或能概括具体而表达抽象或思想，而且能探索或表达宇宙、人生真理与天地规律的优秀文艺作品。

汤显祖和莎士比亚的作品达到艺进乎道的高度，因此而包容了极其丰富和深刻的哲理思考、伦理探索、心理分析，并进入以下更高的层次。

艺进乎道的伟大作品，都是作者将自己的灵魂灌入的产物。《牡丹亭》中的杜宝寄托了汤显祖的执政理想和执政人才的品性高度，而《南柯记》和《邯郸记》中主人公执迷于名利财色的最终下场和醒悟，浸透着作者对宇宙人生的终极旨归的深刻认识。

三、悲天悯人

“悲天悯人”的意思不仅是关注和同情人生的艰难困苦，而且要同情自然规律决定的人生中的生老病死，还更要善于表现、揭露和批评人性的弱点，并给以教育和挽救；尤其是揭发和批判恶人表现的兽性和罪恶，同情被虐害的善良人们，鼓舞起他们在逆境、困境中的生活勇气和奋斗精神。

文学艺术要善于表现人的内心，更要教育和拯救人的灵魂。人世间充满了爱与悲、嫉妒与野心、绝望与生死，汤显祖和莎士比亚都极富同情心和怜悯心，他们都以生花妙笔和斐然文采，全方位地探索、展现了人性，以巧妙惊人的众多艺术手法，描写和表达了难以言说的无比深邃和广阔的心理和情感。他们写出了人有多伟大高尚，人有多深厚的感情，也写出了人有多残酷卑鄙，还有更多的平庸和粗俗。

汤显祖《南柯记》和《邯郸记》描写了沉溺于名利的知识分子，让他们在美梦中实现自己高官厚禄、飞黄腾达的生活理想，再以残酷的打击惊醒他们的灵魂，帮助他们看破红尘，精神升华。

莎剧描写的众多执着的爱情故事，充溢着真、善、美的理想。莎士比亚爱情观满怀的乐观性，包含了他对人的缺点的宽容，他坚信人能够接受正义和道德的感化。

四、大器晚成

汤显祖一生勤奋写作，其取得杰出艺术成就的三部作品，都是他 50 岁以后完成的晚年之作。巧的是，与他同年逝世的莎士比亚和塞万提斯，也都是大器晚成的作家，在晚年从事创作，并迅即进入创作高峰。

莎士比亚 (1564—1616) 自 1590 年开始写戏，到 1612 年完成了 37 部剧作。其前期剧作，诚如《英国文艺复兴时期文学史》所批评的，莎士比亚极负盛名的“历史剧大多是莎士比亚的少作，结构较为分散，程序化的台词多，白体诗也显得拘谨”。其后半期的著作转向高度成熟，代表其最高成就的四大悲剧和《安东尼与克莉奥佩特拉》皆是此期著作。他在完成全部剧作四年后去世。

五、神秘现实主义和神秘浪漫主义

汤显祖和莎士比亚有一个重要的艺术特色就是喜欢运用神秘现实主义和神秘浪漫主义的创作手法。

汤显祖认为人有不可抗拒的命运，他的戏曲中的主人公的人生轨迹都受到命运支配。莎士比亚也相信人有命运，并探索人的命运这个重大问题。西方学术界公认莎士比亚的历史剧，表现了天意天命的历史观。

汤显祖最擅长梦幻描写，无戏不梦，故戏曲总称为《玉茗堂四梦》或《临川四梦》。莎士比亚也喜写梦，有《仲夏夜之梦》等名著，多种剧作描写梦幻景象。

汤显祖和莎士比亚都重视和喜欢描写巫、鬼魂、神仙和精灵的作用，在塑造人物和推动情节发展方面，展开高妙的艺术想象力，运用神秘浪漫主义的手法作为重要的描写手段。

汤显祖重视神仙的作用。《牡丹亭》花神见证和保护柳杜的幽会。在杜丽娘的鬼魂在阴司受审时，花神们又出面作证。莎士比亚也重视神仙的作用，其喜剧和传奇剧，经常有神仙和他们身边的精灵出没。和中国一样，英国当时也没有自由婚姻的社会和时代条件，莎剧中追求自由爱情的故事，除了依靠王公的决断，大多需要神仙和精灵的帮助。

文 / 周锡山

惊梦四百年

——莎汤如何面对当代观众?

2016年是东西方文坛两位巨匠汤显祖和莎士比亚逝世四百周年，为纪念两位大家，上海话剧艺术中心一共做了五部和汤显祖、莎士比亚有关的作品。

第一部是肢体剧场《惊梦》，这是上海话剧艺术中心与英国壁虎剧团共同制作的作品，把汤显祖的《牡丹亭》和莎士比亚的《仲夏夜之梦》放在一起做，作品用的是《仲夏夜之梦》的戏剧结构，从原剧中第二主角海伦娜角度出发，把她作为第一女主角重新演绎，故事的背景放在上海，一个三十多岁还没有嫁出去的女子，从她的角度来看待情感、恋爱、姻婚与家庭，讲的是莎士比亚的故事，反映的却是柳梦梅和杜丽娘的情爱生死，这样的一场演出说的是社会问题，自然也会更吸引观众。上海国际艺术节期间，许多国外经纪人和专家对这部作品给予了高度的评价。《惊梦》是对汤公和莎翁作品的一次完美诠释。

上海话剧艺术中心排演的第二部戏是《亨利五世》，该剧是与英国皇家莎士比亚剧团共同制作演出的，演出时我想了一句广告词，“所有在办公室工作的白领都应该去看《亨利五世》，因为它会告诉你如何成为一个领导”，这样使一部英国的历史剧一下子跟观众有了很多的联系。

第三部戏是《驯悍记》，这是上海话剧艺术中心六年前做的戏，当时和英国导演谈合作的时候，他希望把《驯悍记》放在中国，放在20世纪30年代的上海，所以这是一出发生在中国30年代的《驯悍记》，非常简单，但是好看，好听，好笑，观众很爱看。

第四部作品是英国当代剧作家汤姆·斯德帕特的代表作品《罗森格兰兹和吉尔登斯吞死了》，虽然它表面上跟中国当代的观众关系比较远，但它是以《哈姆雷特》里面两个小人物的视角来看待人生的困境，是一出有着荒诞意味的作品，也是一部对莎剧很成功的当代诠释的作品。虽然以上这四部戏都不是莎士比亚最主流的作品，但我们都认为这四部作品内容跟观众有着较为密切的联系，所以才选择去做。

第五部戏是《枕上无梦》，这是一部有关汤显祖的原创作品，这出戏不仅关注汤显祖的作品，更关注汤显祖这个人，把他的人生与作品连接起来，很有意思。汤显祖是一名知识分子，他为什么会写出《临川四梦》，在他人生的不同阶段，这四部戏到底跟他的人生有着什么样的联系？这是有意思的地方，也是为当代观众服务的作品。

另外，这次戏剧节是因为纪念汤显祖和莎士比亚，就二者在世界范围内的影响来说，莎士比亚的影响显然大得多，究其原因，其中一个因素就是翻译。

英国皇家莎士比亚剧团推出了一项为时八年的计划，就是在全球重译莎士比亚剧本，他们选择中文作为尝试。皇莎莎剧重译计划的第一个项目就是重译《亨利五世》的中文版，这出莎士比亚的历史剧在中国演出很少，此次由上海话剧艺术中心与英国皇家莎士比亚剧团主创团队共同排演中文版，是想以此为开端开启莎剧重译计划，由双语剧作家与皇莎的主创团队、上海话剧艺术中心的演员团队一起进行排练，最终呈现在舞台上的就是经过实践检验的、比较适合演出的版本。具体的步骤大体如下：莎士比亚第一对开本——皇莎演出版本——准确的中译本——专家对照校定——编剧编辑版本——皇莎与上话团队排练版——上话演出版本——皇莎出版中文演出版本。

这个中文版《亨利五世》的剧本，从莎士比亚年代的演出本到现在的版本是经过了这么多步骤后形成的，每一步都是经过翻译和编辑的精心打磨，而所有的目的都是为了让这个译本能更加准确，更加适合在中国进行排练演出，接近当代的观众。这个过程是复杂的，需要投入大量的精力与时间，这也是一次翻译的尝试，希望通过这次尝试我们能找到一个科学、准确而适用的方法来进行剧本翻译。

随着中国的国际影响力越来越大，中国的戏剧作品走出国门也越来越多，其中翻译问题也日显突出。一个好的作品没有准确而合适的翻译，水准也会大打折扣。而中国戏剧要走出去首先面临的就是翻译问题。

如果我们老是在说过去，而不针对现在和未来，可能再过四百年说汤显祖的时候还是在说过去，那就是悲哀了。今年，皇家莎士比亚剧院在排演莎士比亚的作品《暴风雨》时，运用了全息的投影，他们花了很长的时间进行实验和制作，就是想找到新的方式去诠释莎士比亚的作品。皇家莎士比亚剧院还在做另外一件事情，就是要把中国的经典作品翻译改编成英文版，第一个作品就是《窦娥冤》，这似乎应该是我们要做的事情，在对外文化交流上，我们既不能妄自菲薄，也不能狂妄自大。如今，纪念汤显祖和莎士比亚逝世四百周年，我们到底学到了什么？我们应该如何让汤显祖跟现代的观众之间发生连接，我们如何让汤显祖和中国戏曲能够走出去？翻译是一个问题，还有个问题是这当中也许缺少了一个跳板，而这个跳板可能就是话剧。《赵氏孤儿》在国外为什么那么火，就是因为有话剧剧本。另外，戏曲里有许多话剧可以汲取的营养，我们要好好思考这个问题。

文／喻荣军

中英高峰论坛现场

第四辑

惊情四百年——纪念汤莎逝世四百周年专题研讨会

编者按

二〇一六年十二月二十一日，由上海文广演艺集团、上海戏曲艺术中心、上海剧协主办，上海昆剧团和上海话剧艺术中心承办的『「惊情四百年」——纪念汤显祖和莎士比亚逝世四百周年专题研讨会』在上海文艺会堂举行，来自国内外的二十多名专家学者、上海的十四家表演艺术院团代表济济一堂，就『二〇一六上海国际汤显祖·莎士比亚戏剧节』（简称『汤莎戏剧节』）做了阶段性总结，与会专家从各自研究角度探讨了汤莎两位大师作品在当代的传承和发展。

小剧场昆剧《夫的人》舞台照

小剧场昆剧《夫的人》舞台剧照

一往情深的 2016 年

今年是纪念汤显祖和莎士比亚逝世四百周年，我觉得这是一往情深的 2016 年，因为纪念活动非常丰富，不仅有学术研讨，还有戏剧演出，都是热闹非凡的。

就汤显祖研究方面，今年开了一系列的学术研讨会，非常活跃，大家一片热情，发表的论文数量不下于四百篇，说明在汤显祖研究、莎士比亚研究或者两者比较研究领域里，成果不少。

今年的纪念演出也很多，特别是《牡丹亭》，它的形式太多样了，有的是演折子，有的是一本、两本、三本的都有，而且有昆曲版的，也有地方戏版的，还有汤显祖的乡音版。其次《邯郸梦》今年也演得很多，此外《紫钗记》《南柯记》都演出过。我觉得在纪念演出当中贡献最大的是上海昆剧团，上海昆剧团把“四梦”全部加以整理，做整本演出，这个在全国是独一无二的，这是不容易的工程，而且演得那么好。我想汤显祖如果地下有知的话，会很感动。

今年这些纪念活动的意义非常重大，我有这几个方面的体会：

第一，通过纪念汤显祖、莎士比亚，确实可以增进中英两国人民的相互了解，之前听过来自英国专家的发言，一个是国家图书馆的馆长，一个是莎士比亚故乡博物馆的馆长，他们讲如何纪念莎士比亚，很有启发性。

第二，通过双方合作，有助于提高民族文化的自信和民族文化的自觉。在汤显祖和莎士比亚比较研究方面，我的老师浙江大学的徐朔方先生很有成就，他1963年的论文最后写了这样几句话：“我深信只有对自己民族文化具有不可动摇的自豪感的人，才能充分地评价其他民族的伟大成就而不妄自菲薄，一个最有信心的民族也一定最善于向别的民族学习，而不骄傲自满。”“如果这篇文章能够有助于人们心中这种情操的滋长，那就是我意外的收获了。”我觉得非常有道理，很深刻。当然，纪念活动的意义还有助于对非物质文化遗产的保护和传承，汤显祖的“四梦”都是非遗项目，怎样传承和保护，各个地方都在探索，上海昆剧团给我们做出了很好的榜样。

另外，通过这样的纪念活动有助于推动当代艺术家创造新的艺术高峰。习近平总书记在文艺座谈会上说过，“现在我们的艺术创作有高原没有高峰，四百年前汤显祖和莎士比亚，为人类文化作出了杰出的贡献，都创作出了高峰式的戏剧作品，《牡丹亭》也好，莎士比亚的四大悲剧也好，都是高峰式的艺术作品。今天，我们也应当创作出无愧于我们时代的艺术高峰来”。

第三点，对于汤显祖也好，莎士比亚也好，研究都算是初步，有些事情做起来还很艰巨。明代的作品很难读，汤显祖留给世人的有两千首诗，都能读懂吗？我觉得很有限，汤显祖还留下各种题材和体裁的文章七百多篇，哪一位专家敢拍胸脯说我都读懂了，我想那是在吹牛。汤显祖的研究我们还是很浅薄的，我们还有很多的研究任务需要去完成。

文 / 周育德

无论昆曲还是莎剧，
都源于心中萌发的艺术追求

2016年对昆曲人来讲是非同寻常的一年，很感谢汤老先生给了我们这样的机会，把《临川四梦》推上舞台也是几代昆曲人的梦想。

作为一个学昆曲的演员，有幸老师从小为我开蒙了闺门旦这个行当，我们学的第一个戏就是《游园惊梦》，杜丽娘这个人物是要伴随昆曲闺门旦演员一辈子的，要真正读懂汤显祖，演好杜丽娘，就要做好一辈子的修炼。

2008年，上海昆剧团又整理挖掘了整本《紫钗记》剧目，我有机会作为艺术指导，参与创作，在这个过程中接触到了女主角霍小玉，同样是抒情曼妙的霍小玉，但是对爱情的追求和经历却完全不同于杜丽娘。无论是在舞台上还是在课堂中，汤显祖作品中人物的思想性、艺术性始终强烈地吸引着我，给予我表演和教学的冲动和欲望，并且历久弥新。

此外，30年前我有幸参与了由黄佐临先生倡导改编自莎士比亚《麦克白》的昆曲《血手记》，黄佐临先生一直有一个心愿，希望能够把莎士比亚剧作介绍给中国广大看戏曲的观众，同时把中国的传统戏曲搬到国外舞台。1986年，黄老先生觉得时机成熟了，他说莎士比亚的戏被称作诗剧，所以选择昆曲做载体，这样的结合是门当户对，黄老高兴地称自己做了一回红娘。我非常

荣幸出演这个戏中女主角麦克白的夫人，当时我们整个剧组很兴奋也很忐忑，不知道昆曲怎么去演好莎士比亚的作品。黄老先生给了我们 11 字“纲领”，他说戏的定位就是“中国的、昆曲的、莎士比亚的”。按照昆曲的创作方法、样式，用我们的程式去排演这个戏就可以了，这 11 个字让整个剧组一下子豁然开朗。黄老非常感谢郑拾风先生花了两年的心血完成了对该剧本的改编和创作。

黄老先生曾说：“有一百台莎剧的演出就有一百个莎士比亚，伟大的莎士比亚跨越了遥远的时代和国家，鲜活地站在全世界人民的面前。”我在塑造铁氏（麦克

2016 年版《亨利五世》舞台剧照

白夫人）这个角色的时候也突破闺门旦行当表演原有的固定样式，吸收了正旦角乃至刺杀旦的很多表演的风格。这出戏在 1986 年中国首届莎士比亚戏剧节上演时引起了大家的好奇，也赢得了很多好评，同时我们在 1987 年到英国参加了爱丁堡艺术节，还在英伦三岛十几个城市做了整整三个月的巡回演出，当英国人和其他一些欧洲人看到中国的昆曲能够把莎士比亚演到这样程度的时候，他们也非常惊喜，并大加赞赏。

上海昆剧团今年为纪念汤翁隆重推出《临川四梦》的全国巡演，演到哪里火到哪里，充分展现了昆曲的魅力和上昆的实力。无论是莎剧的改编，还是传统昆剧程式创新探索，都是源于全世界人民心中萌发出的艺术追求。我想起曾经在英国的舞台上演完《血手记》的时候，全场的观众响起了雷鸣般的掌声，还拍手跺脚、敲打椅背，并高声欢呼“莎士比亚——中国昆曲！”，这个时刻让我深深感受到了艺术的影响力、震撼力，能够在外国人面前自信地演绎以昆曲改编的莎翁名剧，民族自豪感油然而生。

感谢汤显祖，感谢莎士比亚，感谢昆曲，也感谢《血手记》，为中西方文化的交流架起了桥梁，更让我们看到了真正的艺术所带来的震撼，美没有时间，爱不分国界。汤显祖的“情不知所起，一往而深”，来自昆曲，也来自我们对传统文化的回溯和尊重，作为昆曲人毕生的骄傲和坚守。而汤翁、莎翁笔下悲欣交集的戏剧世界，经历四百年来的传承、记忆，不仅仅属于一个时代，更属于所有的世纪。

文 / 张静娴

从汤显祖开始，发现中国文化更多瑰宝

中华民族伟大复兴非常重要的内容之一是文学艺术的复兴。从欧洲文艺复兴以及其他的“文艺复兴”（如美国的“本土裔文艺复兴”等）看，任何文艺复兴都是依托于经典复兴。当然，文艺复兴是两个概念，第一是“复”，第二是“兴”，“复”就是让经典在新的历史条件下重获生命，让它具有时代的精神价值和感召力，“兴”就是必须要有所创新，在经典复兴的基础上成就新的文学艺术的蓬勃发展，这可能是经典复兴的一个最重要的内容。

我们说经典，其最重要的内涵之一就是它的“大众模式”，即在当时和当代有着 广泛的受众。如果不是一民族一国家大多数人在日常生活中能够想到、能够用到这些经典作品的价值观，包括里面的台词，哪怕是变了形的台词，这样的经典很难说真正走进了大众，更很难说真正具有了经典的内容。所以我认为，经典首先是民族的，大众的，是我们自己熟悉的东西。最近一周我把汤显祖的《牡丹亭》从头看到尾，觉得依然有很多值得研究的地方。这些经典作品的台词，传递的思想和价值观，如何与当代普通大众的生活和价值观发生关联，我觉得这是一个值得思考的问题。

中国戏剧的经典远远不只汤显祖一人的作品，如果从内容广泛和气势蓬勃讲，戏剧的黄金时代应该是元朝的元杂剧，除了关马王白四大家的作品之外，名人名作还有很多，那些剧作中相当一部分在思想性和艺术性上绝不亚于莎士比亚作品，但很可惜的是，我们自己人中知道的都不多，除了演绎《赵氏孤儿》《窦娥冤》这样的作品以外，让大家明白中国戏剧黄金时代的作品太少了。在我们复兴经典的时候，是不是可以从汤显祖作品出发，把我们老祖宗的“宝贝”挖一挖，好好地看一看，用什么方法把它表现出来，我觉得这是一件很有意义的事情。

在传承和弘扬经典时，我认为应该有一个比较开放的态度。我记得北京昆剧院的《醉心花》就是用昆曲演绎莎士比亚的《罗密欧与朱丽叶》。元杂剧中大部分曲谱已经失传，我们无法重现它的音乐原貌，但是可不可以把它改编成话剧，或者别的传播形式，这样受众可能会更广泛，其实，即使是汤显祖的戏，也有改编为话剧的尝试。这样，人们看了话剧的《牡丹亭》以后，就会想去看昆曲的《牡丹亭》，这样可以让戏剧逐步走进观众生活中，我们要欢迎一切形式的这种改编。莎士比亚之所以流传这么远，很重要的一点就是随人怎么改。如果我们的这些剧作也能够通过各种各样改的方式，传达到观众中去，传达到年轻人中去，我相信我们经典的力量会更强。

此外，我觉得在做戏剧的同时，戏剧教育和戏剧传播也要跟上，戏剧教育非常重要，除了戏前戏后的沟通、对谈、交流以外，我觉得戏剧教育是不是有可能由演艺机构为主，结合大中小学甚至是有一定群体的地方，经常做一些辅导和培养。只有培养出高水平的观众，才能倒过来促使戏剧表演、戏剧艺术、戏剧教学和戏剧创作提高到一个新的层次。

我在复旦大学教了十多年的莎士比亚课程，每学期都要用几次课的时间让学生编演莎士比亚作品，其效果让我印象非常深刻。例如有天上午的前两节课，有三位同学演出片段，把莎士比亚的《理查三世》和《罗密欧与朱丽叶》结合在一起，他们自己弄服装、搞配音，真的是非常优秀。还有一位学生虽然表演简单，但是非常投入，英文的整场戏是背出来的。其实我们有这样的基础。我自己虽然主要做学术，但学术界和演艺界我觉得应该有更多的沟通，这样会把戏剧事业、把传承发扬中国经典的事情做得更好。

文 / 张冲

纪念汤莎逝世四百周年
我们学到了什么?

2016 年是纪念汤显祖和莎士比亚东西方两大戏剧家逝世四百周年的年份。5 月我去智利访学，看到圣地亚哥大学临街墙上挂着巨幅的广告，内容是隆重纪念塞万提斯和莎士比亚逝世四百周年，因为这一阵子一直在策划纪念汤显祖和莎士比亚的活动，所以当时脑袋里突然出现一个很直接的反应：汤显祖呢?

2016年纪念汤莎活动给我们带来哪些启示和收获?我觉得可能是十二个字：“不要妄自菲薄，不要狂妄自大。”因为我觉得东西方文化之间早就相互影响交融，在现实工作中更不能割裂开来谈，尤其是对于做演出的人来说，有哪些东西需要我们从思考化为行动，从而需要接下来去做的，这才是非常关键的部分。

今天我们在这里讨论汤显祖和莎士比亚，也离不开演出。因为 2015 年我们在策划汤莎节的时候就在考虑，莎士比亚跟汤显祖放在一起有哪些可以值得我们思考和讨论的地方?因为四百年只有一次，2016 年我们到底是纪念汤显祖，还是纪念以汤显祖为代表的中国戏曲，作为戏曲院团或是一家话剧院团，我们从这些纪念活动当中得到什么? 2016 年是一个契机，它带来了什么样的反响或是效果，这让我们再思考接下来怎么走，我觉得很有意思。

汤显祖和莎士比亚放在一起纪念，我们纪念完了应该干嘛？我觉得有三点是我们院团应该做的。

第一点，要走出去以及怎么走出去？我觉得这是戏剧院团的责任。今年皇家莎士比亚剧团在做莎士比亚中文版翻译的时候，他们做了另外一件事情，就是重新演绎中国的传统戏曲，几年前他们曾经演出过《赵氏孤儿》，今年他们做的是《窦娥冤》。但是在这个案例分析当中，我发现了很多问题，就是戏曲到底以什么来走出去？因为故事和情节并不是我们戏曲的强项，如果要把《窦娥冤》的故事搬到国外去演，就涉及许多问题，到底什么才是我们需要从戏曲里借鉴的？是戏曲的审美、空间、诗词、肢体，还是戏曲的故事、意境，甚至是价值观。张静娴老师讲昆曲的手势，她举例如何拿扇子怎么用扇子，其实就是一个道具的使用，这里面却蕴含着很多戏曲几百年传承下来的东西，这使我特别感动，我一下子就能看到几百年前我们是怎么做的，为什么要这样做？

第二点，我们现在说传统的戏曲，不光是汤显祖，还有关汉卿，还有其他的戏曲，我们怎样来做？现在所有英国的孩子在读书时都会读到《莎士比亚全集》的故事集，这些是值得我们学习的。《临川四梦》演出的时候，我特别感动的是台下的观众。为什么昆曲会吸引那么多年轻人走进剧场，它的魅力在什么地方？我觉得这跟近年来昆剧团做了大量的普及和推广工作是分不开的。戏曲走向未来，还得有大量的基础工作要做，这是一个综合工程，其中剧团的作用非常关键。

第三点，不管是莎士比亚还是汤显祖，所有的经典作品重新演绎的时候一定不要忘了它的当代性，因为莎士比亚的戏是开放的，汤显祖的戏也是开放的。这个当代性是我们在今天要考虑的，凭什么让“90后”“00后”的观众走进剧场，经典对我们今天所体现的当代性在什么地方，这一点很重要。

总而言之，我觉得纪念汤显祖莎士比亚逝世四百周年，作为院团来说，我们应该要从如何走出去、如何进行戏剧教育普及以及如何挖掘经典作品的当代性等方面进行思考和探索，让我们共同努力，携手共进，更好地传承经典，面对未来。

文 / 喻荣军

《动物寓言集》舞台剧照

让莎士比亚的现代性大于古典性

这一年来众多以汤莎为主题的演出，在东西方文化的双向交流中，带着各自民族的文化，以多种形式被翻演，被移植，被改编，极大丰富了我们今天的舞台。在这个过程当中，我觉得有两个问题值得深入思考。

第一个问题是，莎士比亚在当下的社会价值和人文价值是什么？过去四百年里，莎士比亚对英国文化的全球输出起到至关重要的作用，他的语言备受推崇，促进了早期现代英语的形成与发展，作品涉及政治、家庭、爱情、人际这些广泛的伦理问题，从国家到社会、从家庭到个人、从现实到理想，几乎囊括全部人类生活，呈现出一种以追求善爱为核心的利他主义道德思想。其剧作将人们的思想从以神学为中心转移到以人为中心，具有非常了不起的进步意义。没有一个作家的作品能够像他的作品这样，能冲破时代与国籍的束缚。有人说莎士比亚“不属于一个时代，而属于一切时代”，莎翁的作品虽然写一个故事，一个人物，但是他写的不仅仅是一个人物，而是整个社会生活，整个人类，他的作品都是对人类普遍性格、普遍价值观的描写和批评，观照的是永恒的人性问题。

今天的世界和莎士比亚笔下两千多年前的社会，人性似乎并没有改变，人类的贪婪、自私、暴怒、傲慢、嫉妒等在今天有过之无不及。不同国家之间价值观依然存在冲突，矛盾重重。因此，莎士比亚让我们聚在剧场里，探讨刺杀与暴虐背后的人性、价值观、文明进程，以及人性在不同利益集团下的种种表现，并让人们时刻警醒，保持理性存在、追寻德性、趋向至善。这是莎士比亚在当下最大的价值所在，这一价值超越了剧本文本、超越了语言、超越了国族边界，为整个人类的精神困境寻找出路。

第二个值得深入思考的问题是如何让莎士比亚走下经典的神坛，被更多的大众尤其是国内的大众接受。他的作品在全世界盛演不衰，但是对于莎翁剧作的接受其实在国内大众中还是有一定的障碍。莎士比亚生活在中古英语向现代英语演变的时期，他在创作中不可避免地会受到中古英语的影响。由于早期现代英语与当代英语有着明显不同，这使人们在阅读莎士比亚文学作品时感到困难。莎剧台词虽然精致冗长，现代人的审美经验更顺应影视作品快节奏的对话，紧凑的矛盾冲突。我们习惯从快速推移的情节以及被摄影机放大的动作特写来了解人物的心理动机、情绪变化以及内心的道德情感挣扎。而莎剧艺术最为关键、最值得品味的元素，则都蕴含在演员的表演与台词中了，时至今日，莎剧似乎与现代人的审美经验脱钩了。

让莎翁在地化、当代化，为大众所接受，首先呼唤新的翻译文本的出现。随着时代与社会的变迁，我们所使用的语言也在发生变化，需要更为贴近当代语言与审美的译本。一个非常好的实验是上海话剧艺术中心和皇家莎士比亚剧团合作的中文版《亨利五世》，由复旦大学张冲教授翻译，从最终呈现出的舞台效果来看，新译本的反响相当不错。比起朱生豪的经典译作，新译本通俗生动，更贴近当代人的语言。同时为了体现英国军队中的各种口音，导演让台上的中国演员也用中国各地方言来呈现，成了一大欢笑之源。

其次，对莎剧进行在地化的移植、改编，将故事搬入中国文化语境中，让经典中的原型故事与当下境遇相结合，从而赋予其鲜活的时代生命。上话版的《驯悍记》，将莎士比亚故事搬进石库门，把历史背景搬至20世纪30年代的上海，变成了这次喜剧节观众笑得最凶的作品，证明了本土移植的成功让经典作品焕发出了新光彩。

第三，依据莎剧经典原型进行改编，对人物进行再造和重生。上海话剧艺术中心与英国壁虎剧团合作的《惊梦》，结合汤显祖的《牡丹亭》

和莎士比亚的《仲夏夜之梦》的相关情节，上海国际艺术节展演的越剧《寇流兰与杜丽娘》，是将莎士比亚晚年创作的悲剧《大将军寇流兰》与汤显祖的代表作《牡丹亭》合二为一的创新之作，以现代演绎手法讲述古罗马传奇将军寇流兰的悲剧人生，以及杜丽娘与柳梦梅的传奇故事。昆曲《我，哈姆雷特》中张军一人分饰四角色，以昆曲形式演绎哈姆雷特对生与死的探问。这些跨文化的剧场作品，让汤公与莎翁在舞台相遇，在原有经典作品的基础上再造、升华，对原型人物所发出的人生忧思发出超越时空的回应，彰显出经典超越时空的永恒意义。

当莎剧的现代性大过其古典性，被更多大众接受，让更多大众受惠其所传播的爱与善的理念，让人性回归时，这个世界，也许最终会少一点疯狂与暴力，多一点理性与和平。

文 / 杨子

《亨利五世》舞台剧照

莎士比亚是自由职业者，汤显祖是公务员

汤公和莎翁，是东西方戏剧文化的两颗巨星。他们彼此所处的时代，都发生了深刻而巨大的变化，因此，开启了他们的戏剧视野，拓展了他们的创作思路。作家和艺术家总是与其时代的发展和社会的变化紧密相联的。欧洲在14—16世纪发生了文艺复兴运动，当时欧洲出现了资产阶级，他们要求商品流通，资本要向外输出，要寻找市场，但是却受到封建教会和封建领主的阻碍和打压，新兴的资产阶级要打破限制，就起来斗争。然而，他们当时没有与经济、商业的发展相匹配的思想作为指导，于是，欧洲的资产阶级便复活古希腊和古罗马文化中的人文精神和自由思想，从而激发了哲学、科学、文学和艺术的普遍高涨，即呼唤人的自由，重视人的价值，追求个性解放，主张人权，反对神权，反对愚昧，“知识就是力量”，发挥人的聪明才智，甚至提倡冒险精神。

在欧洲文艺复兴思潮的推动下，在哲学、文学、戏剧、美术等领域，出现了一批时代先驱，创作了一批站在时代前沿的伟大作品，莎翁的戏剧就是在这样宏大的时代潮流中诞生的，他写作了《哈姆雷特》等四大悲剧，《威尼斯商人》等四大喜剧，以及《亨利五世》等历史剧。莎翁的戏剧题材广泛，人物众多，有国王、后妃、

《亨利五世》舞台剧照

王子、公主、市民、农夫、士兵、工匠等，他的37部作品（有的已经失传）常常描写牺牲与复仇，反映正义与邪恶的斗争，反映当时时代的思想光芒。

汤公所处的时代发展的脚步要比莎翁晚大约一百年。为什么中国的经济比欧洲的经济落后一百年呢？我认为：第一，儒家的后学坚持“重本抑末”的思想，并成为历代封建统治阶级治国理政的方针。孔子处于春秋后期，社会动荡，战争频仍，农业生产落后，社会的时尚是从经商中赚钱，谁都不愿搞农业，因此鲁国的粮食很紧张，吃饭是全社会的一大问题，故孔子当时提出重视农业，轻视商业的“重本抑末”的主张，在当时是对的，很有针对性。但是后来的时代发展了，社会变化了，可是孔子的继承者仍把“重本抑末”定为国策，就不符合时代潮流了，责任不在孔子而在后学，严重地阻碍了资本主义经济的发展，中国始终没有形成资产阶级，对社会的前进是不利的。第二，中国封建时代的中央集权非常严重，只要“圣旨下”就得绝对服从，形成了“朕即国家”的观念。中央集权限制了人们的思想解放。但是在明嘉靖年间，中国社会经过缓慢地行进，此时已出现了资本主义因素的萌芽，主要是商业比较发达的东南沿海一带城市，雇佣关系的出现，形成雇主和佣工的劳资关系，但仅仅是资本主义因素的萌芽，刚刚破土而已。由于中国的商品经济发展比欧洲晚一百年，因此在哲学思想和文学艺术方面也要滞后一些。尽管如此，汤公《牡丹亭》中杜丽娘仍然呼唤“我一生爱好是天然”，她追求人身自由，个性解放。汤公感悟到时代的脉动，于是在他的“四梦”中大胆地写情，以“情”胜“理”，对封建礼教展开了冲决和搏击。

就汤公和莎翁的身份来讲，汤公是官员，按今天的话来说，属于政府公务员，要上班，戏剧创作是他的业余爱好，《牡丹亭》就是他在遂昌当知县的任上撰写的。当然，汤公的作品也不都是在“当公务员”时完成的。莎翁是一位自由职业者，按现在的话来说，属于自由文化人，是专业剧作家，他有充裕的时间创作戏剧。加之欧洲社会的巨大变化，比中国资本主义的发展要更早更彻底。时代是号角。就汤公和莎翁在全世界的剧坛比较而言，莎翁的影响比汤公要更大些。况且汤公的“四梦”的文辞古雅，实在难以翻译，就是国内的一些地方戏移植演出，在不好释义之处，还要不得已仍用原词。这样就降低了理解的效果，而在国外，就更难以推广和普及了，从而也一定程度地制约了汤公在世界剧坛上本应更高的戏剧地位和和更大的影响力。

文／薛若琳

相信经典的力量

2016年对于戏剧界来说是一个特殊的年份，共同纪念中英两大戏剧家汤显祖和莎士比亚逝世四百周年，引出了很多有价值的学术研讨和演出。

我的体会有两点：第一个体会，这两个同时期戏剧大师的纪念活动和研究，使我们对中华文化自信以及对外来文化学习吸收的关系能讲得更透。莎士比亚是描摹人性的世界性典范，汤显祖的《牡丹亭》同样有着深刻揭示人性的艺术力量，它放之世界戏剧之林毫无逊色，因此我们对中国传统戏曲毫无疑问应该有更强的文化自信与自豪。

我们并不排斥中国戏曲与外来文化的碰撞。戏曲搬演了许多莎士比亚的剧本，在搬演的过程中中国戏曲汲取到了外来的营养，促进了自身的发展。我觉得这样双向的关系使我们对于中国戏曲有了更清醒的认识。

当然我们有不足的地方，22年前，我在美国偶然看到一个亲戚孩子的作业本，这是一个初一的学生，他要完成的家庭作业是要阅读比较莎士比亚的《罗密欧与朱丽叶》以及根据此剧改编的音乐剧《西区故事》，写出读后感。这事情给我的触动非常大，西方对经典戏剧文化的传播和教育是如此的重视和普及。而中国戏曲在我们的教育中还远没有达到这个程度。所以我觉得文化自信也要体现在教育上，我们应该非常自觉地进行传统戏剧文化的传承。

第二个体会，要相信经典的力量。上海昆剧团2016年做了一件非常重要的事，就是把《临川四梦》四部戏全部排出来，而且是老中青三代人共同出演。我觉得这件事的意义，除了展示了上昆的艺术综合实力，以及他们的文化自觉，更重要的是使人们看到了经典在新时代的成功。时代的变迁会对经典产生影响，但是这是一个相辅相成的关系。中国的戏曲改革一直说有困难，随着中华民族对自身文化认识提高、文明程度提高，我想戏曲不会永远处于一种总是要讨论挽救的境地，因为经典本身的力量在。随着时代的变迁，经典也会有新的解释，但经典的价值与魅力永远不会消失。我觉得两位大戏剧家四百年来不仅给我们留下非常精彩的作品，他们也让我们对中国的戏曲文化以及世界戏剧文化的认识都有了新的提高。

文 / 荣广润

《泰特斯 2.0》舞台剧照

多接触一些现实的戏剧

我的学术专业是研究中国戏剧历史的，这些年因为工作的缘故，我更多的是跟现实的戏剧院团打交道。我发觉，搞创作实践的应该多懂一点学术，而搞学术的也应该把门打开，多接触一些现实的戏剧，这样无论对于戏剧学术的研究还是现实戏剧的创作，都可能会有更好的效果。

纪念汤莎逝世四百周年，国际上传承弘扬中华文化和戏曲艺术的活动不少，不过，四百年后莎翁的影响遍及全球，而汤翁的影响却逊于莎士比亚。我想，这与英语和西方文化在全球的强势地位有关系，但也与我们自身文化自觉和自信的失落，对汤显祖重大价值认识不到位有关系。

之前跟长驻上海的国际剧协总干事托比亚斯先生聊天，他是瑞士人，但喜欢喝中国茶，他说在上海找茶馆很难找到，到处都是咖啡店，上海太洋气了。与此形成鲜明对比的是，即使是莎士比亚影响如此之大，2012 年的伦敦奥运会举办期间，英国还邀请了 30 多个国家剧团去演莎士比亚，用不同国家的独特样式和风格去演绎。这非常值得我们深思。

2016 年的汤莎四百周年纪念活动，我认为上海做得非常精彩，上昆的《临川四梦》在北京的演出这么火，票房要都像这样，中国戏曲早就发财了。今天回到这里开总结性的研讨会，我觉得很有价值。一方面总结

这次纪念活动产生积极影响的成功经验，而更重要的是以此次活动为新的起点，把握机遇，将汤学弘扬光大。刚才已有专家表示担心，今年汤显祖逝世四百周年热热闹闹纪念了，别等到 500 年时才再来一次。我也有同样的担心，我们一定要把今后的 401 年到 500 年对汤显祖的传承和发展坚持做下去，进一步做好。我们的后代一定会比我们做得更好，那个时候把汤显祖和莎士比亚在国际影响力的差距缩短，我是有信心的。

当然我们也有特殊性，因为戏曲这个样式有它的特殊性，在国际的传播上有它的困难，普及和易学的程度远不如话剧，但这也是戏曲的魅力。我想大家群策群力，一定能跨越传播、欣赏、学习的门槛。前些天中宣部牵头开了“戏曲进校园”的座谈会，戏曲的传播普及从娃娃抓起，一定会有成效的。不管怎么样，我们至少现在已经认识到自身的问题，通过这次汤莎纪念活动，能让汤显祖和中国的戏曲、中国的文化产生更广泛的国际影响，我们的目的就初步地达到了。

文 / 季国平

吸纳与应变，
探索人类共通的情感诉求

经过长达两个月的精彩缤纷，102 场制作精湛、艺术特征鲜明的戏剧作品热闹上演，由上海文广演艺（集团）公司、上海戏曲艺术中心与上海市戏剧家协会联合主办，上海话剧艺术中心、上海昆剧团承办的“2016 上海国际汤显祖莎士比亚戏剧节”终于落下帷幕。本次戏剧节期间共计观众人次 40649 人。无论是演出体量和观众人次，还是节目的丰富程度，这次汤莎戏剧节在国内都史无前例。这次戏剧节的成功，离不开上海市委宣传部、上海市文广局、上海市文联等有关部门的大力支持，在此我一并表示诚挚的感谢。

汤显祖和莎士比亚同为东西方戏剧巨匠，深深影响了两个半球的文化传统。以前两位大师经常被相提并论，但是却鲜有机会展开如此生动而具体的对话。这次汤莎戏剧节，上海昆剧团是全国唯一如期把《临川四梦》四部大戏推向舞台的，不仅赢得了票房，也赢得了口碑；不仅展示了汤显祖的杰出和伟大，还展示了“国家昆曲扶持和抢救工程”的成果，受到了业界和学术界的一致高度评价，认为“这是激活传统、致敬经典的最佳典范”。新华社刊发的《纪念习近平总书记文艺座谈会两周年》的特稿中，特别提到了上海昆剧团《临川四梦》的成功意义，称之为“以古人之规矩，开自己之生面”的作品。

全球化普及的今天，文化日益走进了一个“冲撞期”。我们的文化自信除了坚持与坚守之外，还需要吸纳与应变，吸纳不是唯洋马首是瞻，应变不是自我放逐与矮化，而是站在平等的舞台上取长补短，切磋交流，探求人类共通的情感诉求——这也是策划本次汤莎戏剧节的初衷。中国目前正处在一个历史性的建设时期，努力在人们的心灵中建构起正确的价值信仰，凝结起以中华文化为基石的中国精神，应当是应对全球化挑战最基础的工程。我想，这次汤莎戏剧节正是我们所有主办单位携手为这个基础工程添了一块结实的砖块。

本次汤莎戏剧节《临川四梦》四部大戏也是上海昆剧团2016年《临川四梦》世界巡演的收官之作。此前，上昆携《临川四梦》足迹踏遍北京、广州、济南、深圳、昆明、贵阳、南宁等国内城市，并远赴美国纽约和华盛顿、捷克布拉格、比利时布鲁塞尔等海外城市，将汤显祖这位文学巨匠推向了国际。这次规模空前的巡演，其意义已经超越了推广昆曲和汤显祖，更重要的是把上海的城市精神，中国的文化情趣，呈现给了全世界，为中国文化软实力的增强做了一次强有力的背书。我深信，通过我们几代人的努力，将来必有一天，汤显祖也将像莎士比亚一样在世界各地赢得应有的礼遇和尊重。

文／谷好好

深化传承　致敬经典

最近，上海昆剧团做了两件大事：一是举办三年学制的“昆曲学馆”；二是为纪念汤显祖逝世四百周年，在国内外巡演具有整体感的《临川四梦》。这两件事对于昆剧的艺术建设，都将产生深远影响。

“昆曲学馆”是深化传承的创举。从2015年开始，把昆剧团中已经取得大专学历的最年轻的演员（即“昆四班”“昆五班”）重新结集起来，接受昆曲名师的再教育，以三年为期，学习传承一百出折子戏。任教老师除了本团“昆大班”“昆二班”的名家之外，还请北昆、苏昆、浙昆、湘昆的名家，共同来培养上昆的新生代。2016年5月，把第一年教学成果作了汇报演出，成绩斐然。这次《临川四梦》中的《南柯梦》就是由他们演出的。谷好好团长为他们的成长发微信：“今天所有的一切都是为明天准备的，又一代人呼啸而来！”

表演艺术的薪火相传，乃是昆曲能够“月落重生灯再红”的根本。请试想，倘若没有1921年热心票友们开设昆剧传习所，请全福班老艺人培养出44名传字辈昆曲艺人，倘若没有20世纪50年代俞振飞和传字辈老师培养出“昆大班”“昆二班”，能有上海昆剧团吗？能有昆曲当下这种格局吗？由于受“文革”影响，隔了20年才有“昆三班”。现在是“昆三班”当家。这是一批相当成熟的中坚力量，起着承前启后的关键作用。能在“昆四班”“昆五班”入团不久就办起了“昆曲学馆”，是他们传承意识高度自觉的标志。昆曲教学还吸引了京剧人。《邯郸记》中饰卢生的蓝天，是上海京剧院的优秀青年演员，他把十多年前计镇华老师对这个角色的精心塑造，相当出色地承继了下来。

上昆的《临川四梦》，可以说是纪念伟大剧作家汤显祖在演出活动方面的最大亮点，也是上昆魄力、实力、魅力的一次生动体现。说魄力，是因为用四个晚上连台献演《临川四梦》，这在昆曲史上没有先例。其中有缩编、改编，也有折子戏的连缀，贯穿演出的基本精神，是尊重这位古典作家所创造的艺术形象的历史具体性和生动性，不做颠覆性改造，让观众自己去品味这些形象所包蕴的艺术思维和哲理思维。说实力，是因为集中展示了上昆行当齐全、文武兼备、老中青三代五班的精诚合作。说魅力，是因为上昆把许多年来对《牡丹亭》《邯郸梦》《紫钗记》等的演出经验进行传授、整合和提高，并在演出形态上有新的探索。特别是选用“四梦”若干插图（木刻版画）作条屏式可移动的背景，配以必要的道具和灯光，使四天演出顺畅进行，不但避免了换戏时装台、拆台的麻烦，还强化“四梦”连演的整体感和古典昆曲需要的雅洁、空灵。

追求艺术魅力是无止境的。上昆立意要把《临川四梦》打造为品牌剧目，长期保留在舞台上，故巡演归来，将根据各方面反应，再度加工，精益求精，这是对汤显祖、对昆曲经典最真诚的致敬！

文 / 龚和德

从数字看汤显祖和莎士比亚文学的传播

2016年汤莎逝世四百周年的纪念活动可以说是如火如荼。但是，就全球范围而言，与莎士比亚相比，汤显祖的纪念活动可能有些相形见绌。无需讳言，就全球性影响而言，我们的汤公好像不及莎翁。应该说，要向世界推广汤显祖这样一位戏剧大师，我们面前的道路还很长，要付出的努力也是相当巨大的。

从名声方面来说，我在网站上查了一下，莎士比亚作为品牌，它的价值超过10亿英镑，从翻译出版这个角度来讲，莎士比亚的书在全球的出售已经超过了40亿册，被翻译成了一百多种语言出版。单是《哈姆雷特》，从1960年以来就有75种语言的译本。反之，去西方任何一家书店找汤显祖的译本都是大海捞针。

从学术研究的角度来看，英国利兹大学李如茹教授为今年汤公的纪念活动做了很多努力。之前，她到国家图书馆查阅后发现，用英文的莎士比亚去搜寻有12000多份文献，而汤显祖才190份文献，比例比较悬殊。从报刊书籍的内容查询，莎士比亚有23000份文献，而汤显祖仅有3000份文献，我觉得这也是学术界需要好好思考的。

再从演出角度来看，莎士比亚的戏剧演绎样式几乎是无穷无尽的，比如2016年上海戏剧学院邀请到了阿根廷艺术家，他们便是用伦巴舞蹈来演绎莎士比亚作品。但是中国的汤显祖戏曲演出，现在主要局限在昆曲方面，甚至好像除了昆曲就没有其他样式。至于在国外，几乎查不到任何形式的演出。

最后从2016年在全世界范围内纪念两位戏剧大师的活动来看，对比同样非常鲜明。我在网上查了一下，在国外举办的汤显祖作品演出或者研讨会，这个数字不会超过十位数，而且查到的也往往都是中国举办的各种纪念活动，哪怕在国外举办的相关活动也是由国内单位组织的。我觉得真正要让汤公走向世界，让汤公为各国人民所喜爱，我们作为戏剧人、学者、翻译者，面前的道路非常漫长，任务非常艰巨。

我们不要仅仅满足于逢百纪念，这样百年一遇，再下面一个五百年我们都不在了，再来谈同样的问题的话，那就会非常令人揪心了。实际上还有一个数字，国外几乎一半的学生在学习莎士比亚作品，我们中国又有多少学子知道汤显祖呢？所以，要弘扬中华传统文化艺术，把汤显祖这样代表中国戏剧最高水平的作品推出去，我们既要在国际上奋力拼搏，更要在国内竭尽全力。

文 / 宫宝荣

温故知新　可以为师

2016年是戏剧大师汤显祖和莎士比亚逝世四百周年。戏剧界隆重纪念，掀起一波汤莎戏剧作品演出的热潮。动作大，影响深远。一直以来我有一个观点，中国文化尤其戏剧从未停止热烈拥抱世界，中国对世界的了解远远大于外国对中国文化的关注，有些不对等。不对等有很多原因，经济不发达是一个方面，另一个方面，中国人在文化自信方面的欠缺，造成对西方文化盲目的崇拜。近几年这种现象得以遏制。

汤显祖一生创作了四部戏剧作品——《临川四梦》，部部经典，深刻影响着中国戏剧的历史和发展。特别是昆曲，几乎是无“汤”不成戏。一部《牡丹亭》，养育了多少班社，培养了一代又一代的演员。

理应“温故而知新，可以为师矣”。常演常新，不断接力经典，常怀敬畏之心，将经典作品精致地呈现给当代观众。希望汤显祖的纪念活动能够常态化。经典作品精致面世，有利于传播传统文化，弘扬优秀戏剧艺术。汤显祖的作品非常适合昆曲的性格与审美，演来得心应手。其他剧种很难搬演，比如《牡丹亭》用昆曲演起来就很雅致，但换成其他剧种，总感觉不对劲，如何突破，留给后人，这是需要我们思考和探索的。所以，汤显祖真的属于昆曲。昆曲是中国戏曲的集大成者，是中国具有代表性的剧种，是百戏之师。精致、考究是它的品相与质地。昆曲要担起这份责任，把汤显祖的《临川四梦》

《牡丹亭》剧照

珍藏好，展示好。

纪念汤莎逝世四百周年是2016年的一件文化大事，我们要宝贝自己的东西，轻拿轻放，常拂常拭，使之光彩耀人。莎士比亚中国化已经很棒了，怎么能把汤显祖的作品做得精致化才是根本，至于走出国门，要顺势而为。在这一点上我觉得要有一种平和的心态，做好自己。珍宝在手，何忧无人赏乎！

文 / 赓续华

艺术创作需要理性和感性互相平衡

香港产生出来的文化，可以说是有中有西，这种特殊性有它的好处，自由，灵活，没有大的包袱，但是也有它的问题，无根，在国际文化上缺乏深厚的立足点，定位有一点困难。

我在大学的时候念的法律，所以比较重于理性思考，到后来喜欢戏剧，去法国留学。在法国看到戏剧工作者如何看东方传统的戏曲，他们觉得东方戏剧是重意境多于实体，从这个角度来讲，让我更加正确地去理解，以及内化自身成长的重要的文化构成部分就是中华文化，而最有效的方法就是短暂地离开它，有距离或许可以看到一些新的东西，一些新的感受，于是我相信艺术创作也需要理性和感性互相平衡。

在法国给我最深刻的体会就是超越种族的剧场生命，剧场是现场的表演，任何类型的剧场都有身体，而身体就是人类本体的存在，是指作为一个有机体，心理跟心理上的共通点。这个发现让我在剧场里完全逆向考虑，我开始学习杂技、体能训练、小丑形体的表达，领悟出了一个非常重要的发现，就是戏剧的训练及创作其实是身体整体感觉的训练，而身体的训练首先是去语言化，因为语言很多时候是一个概念，它要讲意义，而身体不一定是概念和意义，它是抽象的存在状态。所以表演就是讲感受的能力跟表达的能力，去提升，任何的训练体系都是要学员以最有效率、最有效果的方法去行动跟回应，中间需要参加者形成内在的转化点。所以我觉得剧场是一个透过自我发现去认识世界和人生的一个艺术形式。

谈到莎士比亚，简单来说，就是如何去借助这个庞大的剧作家的剧本，但不光是他剧本的语言，还有背后的思维逻辑，跟产生戏剧张力的结构方法，跟背后的人文思想一起，这三个是同时存在的。莎士比亚应该是最厉害的剧作家，从他第一句台词开始，你已经能够进入到一个结构非常精密的世界里。所以对我自己来说，接触莎士比亚不光是接触一个人，而是他背后的整个西方文艺复兴文化。

我们去演莎士比亚作品时最大的难题是意识跟语言的问题，如何去做，如何去做包括形式感跟所谓意识形态的呈现，后者就是跟当代观众产生的一种关系，特别是文化的关系。所以我在接触莎士比亚的时候，导演过几部戏，比如《泰特斯》《泰特斯 2.0》，比如 2015 年演出的《麦克白》，三个戏都非常难搞，但是从难搞过程里我发现自己一些创作的模式是什么，首先要克服自己对语言的一种讨厌，因为很多人不喜欢戏剧，你叫他去念莎士比亚的剧本就糟糕了，很多时候是用七八个形容词去形容同样一件事情，觉得戏剧很闷，但是你花时间、花精力去阅读莎士比亚的话，你会发现最重要的发现是人物心理的建构，这对我来说是最大的收获之一，虽然是很简单的一两句台词，但他就能说出说话的人跟听话的人的心理状态。

所以我让演员先不要念台词，因为念台词你就会觉得台词就是一切，其实不是，因为念台词以前的状态，跟念台词中间的状态，跟念台词以后的状态，是连贯存在的一口气里头的动作行为。

我特别想讲一讲《泰特斯》跟《泰特斯 2.0》的关系，因为《泰特斯》是我 2008 年的一个作品，那个时候我希望用最简约的方法去呈现一个戏剧，没有布景，也没有音乐，但是感觉受到戏剧人物跟情境的控制。另外一个方法，我经常用的就是即兴技巧，排莎士比亚的戏很难从第一天开始就定好第三十天以后走位怎么样，所以一定要给演员一个机会将所有内容通过一个比较自由的空间表达出来，这里面有技巧，我称之为刻意的找一些困难，最后希望在困难里面找到一些没有困难永远出不来的那种光彩。

所以我觉得讨论莎士比亚的作品一是要有理念，二是要有实践技巧，但是也要有勇气去破掉最初的理念，

《泰特斯 2.0》舞台剧照

因为这是一个有机的过程，永远在变化，如果人家问我导演莎士比亚的作品要具备什么条件，八个字，“准备充足、随机应变”。

文 / 邓树荣

增强中国戏剧文化自觉、自信和民族自豪感

过去中国戏曲改编莎翁的作品还是很多的，我印象深刻的除了昆剧《血手记》，还有京剧《王子复仇记》和黄梅戏《无事生非》、越剧《第十二夜》等，好像用戏曲来演绎莎士比亚作品比较顺理成章。但很少有把汤显祖的作品《临川四梦》改编成话剧的，传到国外的就更少了。

举办这样的大型纪念活动意义很重大。首先我们理直气壮地把汤显祖抬到了世界戏剧高峰、与莎士比亚并列的地位。其次，认真地赏析汤显祖的作品，仔细品味的话，可以发现汤公作品的人文精神非常丰厚，在美学上也很有高度。他在那样一个封建时代，对自由人格、纯真爱情、公平正义的追求和向往，以及对于权势贪腐、金钱主义的鞭挞和讽刺，不仅在当时具有强烈的现实意义，到今天，仍然具有超越时空的生命力。此外，作品的文辞优美，曲牌丰富，人物情节设置精致，在世界戏剧史上也当之无愧地达到了高峰。

2016 年纪念汤莎两位戏剧大师的活动，对于上海的戏剧文化有很大的促进和提升作用。上海昆剧团完整推出《临川四梦》是最大的亮点和贡献。“四梦”组合巡回演出非常受欢迎，四台戏都是一票难求，团长谷好好也只能站在剧场的墙边看戏。特别令人感动的是，很

多年轻人特地穿了新做的中装来看昆曲，我想这是表现了对我们传统文化的自豪、自信和致敬，可见，让汤显祖的作品重新复活在今天的舞台上，重新焕发出美的魅力，在青年人当中所起的宣传作用是不可估量的。另外，上海芭蕾舞剧团的芭蕾舞剧《哈姆雷特》，香港的话剧《泰特斯 2.0》等，英国皇家莎士比亚剧团和上海话剧艺术中心合作演出的《亨利五世》，京剧《驯悍记》，越剧《寇流兰与杜丽娘》，音乐剧《汤显祖》等剧目在上海戏剧舞台上呈现，大家满腔热情地参与了这个纪念活动。有的尝试把莎士比亚的剧作和汤显祖的作品混搭，具有前卫性、探索性，虽然引起争议，但还是有价值的。这样的活动绝不是热闹一阵，而是体现了我国民族戏剧文化传承、创新、发展、繁荣、交流、前行的非常好的态势。相信我们戏剧界会以这次纪念活动为契机，进一步抱团合作，在传承、坚守、弘扬经典传统的基础上，增强对民族文化的自觉和自信，创作出更多的高峰之作，无愧于我们的时代。

文 / 戴平

《南柯记》中离散的现代主义戏剧精神

在纪念汤显祖逝世四百周年的时候，当下中国戏剧所处的是重建再造这样一个时代，因此这成为纪念汤显祖这样一个时代背景，也是纪念他的意义之所在，汤显祖是16世纪末17世纪初明清启蒙思潮中中国人精神寄托的对象，他的戏剧是超越时代，直逼现代主义戏剧境地的天才的戏剧作家。如果除去历史外在的装饰，它的精神内核给我们的启示，并没有四百年这样一种格式，而是现实的、深远的。

首先，当今中国戏曲所处的历史时段及其性质，18世纪上半叶由古典转向近代的花雅之争的第二次变革，这场变革的根本指向就是重建再造中国戏曲，实现中国戏剧的现代性。直到进入到1980年，中国戏剧转换到向现代性发展，现在三十年过去了，至今我们仍处在这个过程当中。

为了能够清楚地认识汤显祖戏剧现代性的意义，有必要把汤显祖和莎士比亚做一个总体比较。我个人认为，在剧作的数量上和影响的广泛程度上作为评价人物高低的依据和标准，显然是外在的，自古以来以孤篇傲视群雄的也不在少数。至于影响的程度怎么样，在时间上也有一个发现和认识的过程。汤显祖的剧作虽然只有4部，没有莎士比亚的37部多，但是可以从三个方面和莎士比亚进行比较，首先在人物形象的把握上，汤显祖体现了人物内在的意识领域，莎士比亚重在表现人物的外部生存环境，从这个意义上说，汤莎两者犹如《变形记》一样，在文字的数量上，《变形记》是中篇的长度，然而在精神深度上，人们并不把这部小说当作中篇来看，而是把它当作长篇来看，我们也可以以这个作为例证，用剧作的思想力量和精神强度来作为衡量标准，而不是靠数量的多寡做价值判断。

其次，在人物形象的塑造上，由于汤显祖戏剧是从人物深处的意识出发，因此注重表现的是人物的精神世界，探索人物的心理历程，造就的是超越个性而具有永恒品质的人物形象，同时他的形象有着强烈鲜明独立的个体人格精神。莎士比亚的戏剧人物总体上是性格化，人物的精神现象是源于外部世界，因而我们说莎士比亚戏剧作品的人物形象是社会性的人物。

第三，在表现方法上，汤显祖是建立在道家、儒家基础上的写意方法，因此他的剧作是表现论。莎士比亚是新现实主义方法，沿用的是亚里士多德的再现论或者模仿法。基于这三方面的考察，可以说汤显祖的戏剧已经踏入现代性戏剧的边界，甚至拥有了现代戏剧的品质。就此而论，汤显祖的戏剧艺术要比莎士比亚向前多走了一步，这一步的尺度就是莎士比亚是近代性的，而汤显祖是现代性的，这一步是至关重要的。

我个人认为所谓现代性的戏剧观，就是指戏剧由以往对外部世界的深切关注，而转向对人的内部世界，也就是意识领域的探索。现代性戏剧观重主观表现，重意识想象，重形式创新，并对人类戏剧史上的各种方法和手段兼收并蓄，予以改造和运用，其终极目的或者最终目的是致力于塑造新的艺术形象，创造新的戏剧形态，这就是我对现代性戏剧观的一个基本阐述。

现代性的戏剧观是人类进化的最高阶段和伟大成功，换而言之现代性戏剧是人类艺术发展史上最高成就的代表，在人类精神史上它是审美进化的最高程度，但是我们对这个问题的认识是不到位的。现代性戏剧观是当代戏剧审美的最高观念，因此它具有原戏剧的价值，以此观念来认识中国戏剧，显然我们尚未完成这个观念的认识，在创作实践上也还没有这样的戏剧来推进戏剧向现代性的变革和转向，然而汤显祖的《牡丹亭》《南柯记》等剧作，却已经是站在现代性的立场来完成他的戏剧使命和创作。

汤显祖何以能够超越同时代的剧作家而独领风骚，对于这个问题我认为应该这样来看待，西方的文艺复兴运动在总体发展水平上无疑要远远高于中国晚明时期的启蒙思潮，但是在具体的个人表现上，晚明启蒙思潮当中的人物并不逊于西方文化复兴运动当中的一些人物，甚至还要高于他们个人的水准。比如说在戏剧上就是汤显祖的情本理论，我们今天的思想史研究中对晚明启蒙思潮的认识还是有限的，评价还很粗疏，在一定程度上低估了晚明启蒙人物的精神高度，这其中就包括对汤显祖作为戏剧家的认识和评价，我认为之所以难以接近汤显祖，就是由于我们还没有站在现代性这样的高度去观察他。

汤显祖戏剧的意义或者价值，这是一个有待于认识或者正在重新评价的问题，以往的认识和评价，一方面由于中国社会的封闭和贫弱，而影响到中外文化交流的广度和深度，以至于国外主要是欧洲国家对汤显祖的认识十分有限，比如说《南柯记》的英译本出版于2003年，所以说我们本身认识有一定限度，还不能完全接近和理解汤显祖剧作的精神深度，因此不少都是社会学意义上的误读。

至今人们对汤显祖戏剧作品的诠释还是非全面的，同时我们也感慨伟大的戏剧作品拥有永恒魅力。在时代背景下莎士比亚是西方文艺复兴运动中在英国的具体体现，汤显祖则是晚明启蒙思潮的代表，汤显祖和莎士比亚是东西方各自的文化代表，他们的戏剧恰如东西方天空的星云般灿烂，各自有绚丽的光彩。

文 / 张福海

上海国际汤显祖·莎士比亚戏剧节
10月7日
~12月11日
1550
1616
TANG XIANZU
400
Tang Xianzu & Shakespeare In Shanghai 2016
400
SHAKESPEARE
1616
1564

第五辑

二〇一六上海国际汤莎戏剧节

编者按

二〇一六年恰逢汤显祖和莎士比亚逝世四百周年，为纪念两位戏剧界的伟大先驱，上海文广演艺（集团）公司、上海戏曲艺术中心与上海市戏剧家协会携手，联合主办《二〇一六上海国际汤显祖·莎士比亚戏剧节》，上海话剧艺术中心、上海昆剧团作为主要承办方，共同组织举办一系列以汤显祖、莎士比亚作品为主题的戏剧作品演出季、高峰论坛、工作坊与讲座等。

历时两个月，一百零二场制作精湛、艺术特征鲜明的戏剧作品热闹上演，本次戏剧节期间共计观众逾五万人次。无论是演出体量、观众人次，还是节目的丰富程度，在国内都史无前例。

此外，二〇一六年四月十三日，第五届《上戏有戏》演出季在上海戏剧学院拉开帷幕。本届《上戏有戏》推出莎剧主题演出季，超过十部优秀剧目轮番上演，其中有九部作品为原创剧目。值得一提的是，在上海京剧院和上海昆剧团的大力支持下，京昆界的上戏校友也带来了《王子复仇记》和《夫的人》两部莎剧佳作。

纪念戏剧大师汤显祖逝世400周年 In Memoriam on The 400th Anniversary
of The Death of Renowned Kunqu Playwright Tang Xianzu
The Tale of Handan
邯郸记
上海昆剧团|演出
A Classical Kunqu Series of Mr. Tang Xianzu
Dreams
SHANGHAI DRAMATIC ARTS CENTRE
12月1日19:15《邯郸记》
(蓝天/陈莉/吴双/黎安/孙敬华/倪徐浩等)
北京・上海・广州・深圳・昆明・香港・美国纽约・捷克布拉格……

纪念戏剧大师汤显祖逝世400周年 In Memoriam on The 400th Anniversary
of The Death of Renowned Kunqu Playwright Tang Xianzu
紫钗记
The Purple Hairpin
上海昆剧团|演出
SHANGHAI DRAMATIC ARTS CENTRE
12月2日19:15《紫钗记》
(黎安/沈昳丽/缪斌/陈莉/吴双/周亦敏/赵文英)
北京・上海・广州・深圳・昆明・香港・美国纽约・捷克布拉格……

SHANGHAI DRAMATIC ARTS CENTRE

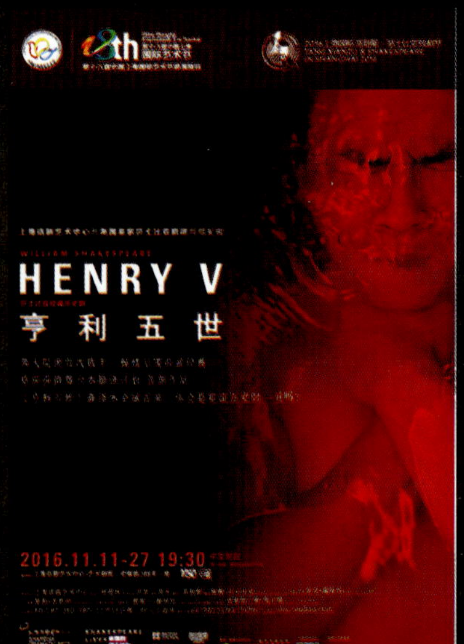
HENRY V
亨利五世
2016.11.11-27 19:30

惊梦
The Dreamer
2016.10.07-10.23

罗森格兰兹和吉尔登斯吞死了

on The 400th Anniversary
Playwright Tang Xianzu
4:00《牡丹亭》
音/张洵澎/黎安/沈昳丽/余彬
雪/张莉)
美国纽约・捷克布拉格……

纪念戏剧大师汤显祖逝世400周年 In Memoriam on The 400th Anniversary of The Death of Renowned Kunqu Playwright Tang Xianzu
南柯梦记
The Tale of Southern Bough
上海昆剧团|演出
SHANGHAI DRAMATIC ARTS CENTRE
12月3日19:15《南柯梦记》
(卫立/蒋珂/缪斌/吴双/安新宇/张伟伟等)
北京・上海・广州・深圳・昆明・香港・美国纽约・捷克布拉格……
*演员最终以实际为准

2016上海国际汤显祖・莎士比亚戏剧节
TANG XIANZU & SHAKESPEARE IN SHANGHAI 2016
上海银行
枕上無夢
汤莎四百年，向中国学派致敬
汤显祖与「临川四梦」的精神对话
舞台剧

2016.10.25-11.03
咨询电话 64730123/64734567

2016上海国际汤显祖・莎士比亚戏剧节
TANG XIANZU & SHAKESPEARE IN SHANGHAI 2016
SHANGHAI DRAMATIC ARTS CENTRE
莎士比亚经典喜剧
William Shakespeare
馴悍記
the Taming of the Shrew
全新演出阵容 敬请期待！
2016.10.26~11.13
19:30 周一休息，周日仅14:00下午场
sdac.taobao.com
64730123/64734567
王海鹰
¥50
GUIL
ROSEN
罗森格兰兹和吉尔登斯吞死了
ROSENCRANTZ AND GUILDENSTERN ARE DEAD
《哈姆雷特》外传
2016.10.28~2016.11.06
艺术剧院（上海话剧艺术中心・艺术剧院）
80/180/280/380元
sdac.taobao.com
¥50

编剧
【威廉・莎士比亚】
导演
【保罗・斯特宾】（英）
【埃瑞克・泰希拉文】（英）
复排导演
【庞杰】
仲夏夜之梦
A Mid-summer Night's Dream
疯癫、爱恋、诗意、魔幻
一这才是莎士比亚喜剧应该有的样子！
【演出时间】
2016年11月18~20日 19：30
【演出地点】
上海兰心大戏院（上海市茂名南路57号）
【票价】
380/280/180/80元
出品
上海滑稽剧团

根植于中国大地的莎士比亚戏剧节

“凡是过去，皆为序章”。

2015 年秋天，在伦敦进行国事访问的中国国家主席习近平，引用一句英国人民非常熟悉的谚语，表达了对中英两国发展全面战略伙伴关系的殷切期待。而习主席引用的这句谚语，正来自于著名的威廉·莎士比亚。

2016 年，恰逢莎士比亚逝世四百周年，中国戏剧舞台上再次掀起了一股莎士比亚热潮。环顾全球，这位诞生在英国斯特拉特福的文化巨人，因其作品所揭示的广泛深刻的人性而早已超越了国界与时代，在这个星球的各个角落找到了归宿。英国甚至举办过分别用世界 37 种语言演绎莎士比亚全部 37 台戏剧作品的活动，而这当然不能缺少全球使用人口最多的语言之一——汉语。

（一）

我国首次举办莎士比亚戏剧节是在 1986 年，就戏剧艺术而言，莎士比亚是中国人最为熟悉的外国戏剧家之一。1949 年后，莎士比亚戏剧是高等艺术院校尤其是戏剧学院不可或缺的教学内容之一，其作品也经常被搬上舞台。为了尽快提升我国莎剧演出和莎学研究的水平，并早日实现与国际莎学界的对话，在全国戏剧界人士和学者们的积极呼吁及推动下，中国莎士比亚研究会（简称“中莎会”）于 1984 年年底正式宣告成立。考虑到上海历来是一座中西文化交融的城市，具有深厚的国际文化交流的历史渊源，“中莎会”决定将总部设置在上海戏剧学院，以便更好地发挥上海海纳百川、面向世界的独特优势。

时任中国文联主席、戏剧家协会主席的曹禺先生被推选为“中莎会”首任会长。这位德高望重的著名戏剧家在“中莎会”诞生时便很有远见地指出，“中莎会”不仅要推动莎学的研究，还要促进莎剧的演出，要把学者与艺术家紧密结合起来，将“书斋”与“舞台”融合在一起。

正是出于对莎剧艺术的这一基本判断，“中莎会”成立大会上，与会代表一致通过了一项决议：举办首届中国莎士比亚戏剧节！中国制造的“莎剧节”，由此拉开了帷幕。

（二）

1986 年春天，首届中国莎士比亚戏剧节依托“中莎会”的平台，在上海戏剧学院等单位的大力支持下，同时在北京和上海两地隆重推出，一举开创了中国举办莎士比亚戏剧节的先河。

首届“莎剧节”的成功，大大突破了预想。原先估计最多上演七至八台左右的剧目，结果却在短短的 14 天内，于京沪两地公演和展演了全国 28 家专业文艺团体及大学校园剧社呈现的 29 台莎剧，演出场次达到 87 场，观众总数超过 8.5 万人次，可谓一鸣惊人。

八年之后，1994 年“上海国际莎士比亚戏剧节”又在这年金秋的黄浦江畔拉开了帷幕，并出现了英国、德国、美国等国外剧团的身影，使中国举办的莎剧节向国际性、开放性迈出了坚实的一步，推动了中国莎剧演出与世界莎剧舞台的交流交融。国外莎剧走进来、中国莎剧走出去，从此成为一种常态。

（三）

两届“莎剧节”不仅参演剧团剧目众多，而且它就犹如一座巨大的磁场，以无可抗拒的魅力吸引着艺术家们迸发出巨大的创造力。“莎剧节”的重要成果之一，是填补了部分莎剧在中国演出史上的空白。“莎剧节”的另一个重要成果，是关于莎士比亚中国化的探索。莎士比亚与当今中国究竟有什么关系？这不仅是一个戏剧问题，更是一个深层次的文化问题。它相当鲜明地反映出今天中国对待包括西方文化在内的人类文明成果的态度，以及东西方文化交流的前景。在这样的背景下，一种特殊的艺术形式引起了人们的广泛关注，它就是“穿上中国戏装的莎士比亚”。

中国戏曲艺术在漫长的历史进程中，无疑从方方面面体现了民族审美习惯和文化心理，与莎剧的美学观念有很大差异。然而，有趣的是，戏曲艺术对莎士比亚的热情却并不亚于话剧，它诚挚地张开双臂，将这位异乡来客迎进了多姿多彩的梨园王国。目前，全国已有昆剧、京剧、越剧、黄梅戏、豫剧、川剧、东江戏、丝弦戏等众多剧种进行了这方面的实践。不仅如此，根据《麦克白》改编的昆曲《血手记》等剧目，作为“穿上中国戏装的莎士比亚”，也曾使莎翁故乡的人们如痴如醉。正如国际莎协所评价的那样：“莎士比亚戏剧给中国戏曲增添了活力，中国戏曲也给莎士比亚增添了活力。”

“莎剧节”还有一个不可忽略的贡献，那就是随着国外剧团的加盟，中国艺术家以及普通观众对于莎剧一些固有的观念被冲击、被突破，甚至被颠覆，大家惊喜地发现：莎剧原来还可以这样演！莎剧是如此能激活现代人的想象力与创造力！

（四）

两次在中国举办的“莎剧节”，是艺术家、文化学者和广大观众共同创造的流光溢彩、精华荟萃的莎士比亚盛会。它以广泛而持久的效应掀起一股辐射全国的“莎翁热”，并使国际莎学界为之震动，有效地提升了我国在国际莎学界中的话语权，推动了中国莎学全面走向世界。

以本人亲身经历而言，1991 年我曾应邀到莫斯科参加苏联举办的国际莎士比亚研讨会，在会上介绍莎剧对中国戏剧的影响以及在中国的演出状况。当我发现距离主办方规定的演讲时间还剩下五分钟时，只得遗憾地告诉台下听众以后有机会再作介绍。不料，会场内一下举起了二三十只手，都表示希望我继续介绍中国莎剧节的盛况。就这样，我的演讲时间被大大延长了，当我讲到莎剧节期间京沪两地同时有 29 台演出时，台下响起了一片掌声。一位来自格鲁吉亚的女士激动地跑上台对我说：“中国太令人神往了！”

2005 年，我随上海市一个政府代表团前往英国考察时，惊讶地发现莎士比亚故居竟完整地珍藏着一套 1986 年中国莎士比亚戏剧节的资料，包括剧照、说明书、媒体报道等。原来那是中国领导人20世纪80年代访英时作为礼物赠送给英国女王的，女王又转赠给莎翁故居保管。

曹禺先生曾在“莎剧节”上说过这样一段话:“我们欢迎你们,你们是来自遥远地方的朋友。我们有一个共同目的,使全世界的人更广泛更深刻地理解莎士比亚,继续开拓我们这个世界的文明和对人的认识,推进今天的文化与和平事业,而文化与和平是分不开的兄弟。”

文 / 孙福良

莎翁是我们的同时代人

汗牛充栋的莎学著作中最好的一个标题是波兰学者杨·考特起的：《莎士比亚，我们的同时代人》。莎翁著作是人类社会的百科全书，很多莎剧简直就像是针对今天的社会而写的。这一点他和同时代的汤显祖很不一样，《牡丹亭》是中国古代最好的剧本，是极为精美的博物馆艺术品，不会有人用现代性来要求它。但《哈姆雷特》就充满了现代性——很多国人可能还没意识到这一点，他们被流行的中文剧名《王子复仇记》误导了。这个最长的莎剧原本要演五个小时；但如果仅仅是复仇，根本不用那么长。哈姆雷特在外国留学，家里出事赶回来，亲耳听到父亲的鬼魂告诉他：我是被你叔叔暗杀的，你要报仇。如果他马上去复仇，15 分钟就可以结束了，因为他并没有遇到障碍，叔叔没有防备他，不准他带凶器上殿，过去一剑就可以刺死他了，儿子继承王位也顺理成章，那就不会有悲剧了。但莎士比亚却写哈姆雷特犹豫再犹豫。戏剧非常重要的理念是，舞台上必须有积极的行动，不能表现一个角色就是犹豫。他犹豫什么？他父亲对他说得那么清楚了，为什么还不行动？因为他对于人的生命的理念是超前的，他觉得要杀一个人来复仇不是那么容易的，对父亲鬼魂的话，他必须反复求证，才能决定是不是要听他的话去杀人。所以他要装疯来掩饰自己的怀疑，他要去试探母亲，还要请戏班子来演个谋杀戏给叔叔看，这是他发明的“测谎仪”。可惜他“测谎”一成功，叔叔也就看穿了他，先发制人向他动手了。这就导致了最后的悲剧。

可以比较一下中国古代真讲复仇的《赵氏孤儿大报仇》，这个元杂剧和《哈姆雷特》的故事非常像，主人公都是孤儿，遭遇也相似，父亲都在政变中被政敌杀死，那政敌还装和善要认孤儿为义子。赵氏孤儿长到哈姆雷特的年龄后明白了真相，立刻报仇。哈姆雷特是一开始就听说了真相，但一次次推迟报仇。《赵氏孤儿》的主要动作是一连串的人为了保护这个孤儿或者自杀，或者把自己的儿子交出去送死。死了那么多人，全是为了保护这个皇室后裔，没有一个人有半秒钟的犹豫，现在我们说这叫愚忠，所有人的生命都比不上那个还没有思维能力的皇室后裔。

《赵氏孤儿》是第一个传到西方的中国剧本，启蒙思想家伏尔泰看了很感兴趣，改写成《中国孤儿》，但做了个重大的改动：“程婴”要把自己的也是半个月大的婴儿调包交出去替死时，他妻子反对：“为什么要送我儿子的命去保他的？每个人的生命都有同样的价值！”这不像是中国传统女子说的话，伏尔泰用人文主义质疑了中国经典的一个根本性的主题。《哈姆雷特》里有段台词大家经常引用：“人是多么美妙的杰作，崇高的意识、无限的能力、优美的仪表，举止好像天使、灵性可媲神仙，他是天之骄子，他是万物之灵。”走出中世纪以后，神权压抑下的人得到了解放，文艺复兴让人的意识觉醒了。这段话正可以回答前面的问题，为什么哈姆雷特迟迟不采取行动？就因为“人是多么美妙的杰作”，不仅他本人，所有人都是这样，因此任何人在可能终结他人的生命之前，必须三思而行，必须有足够的理由。这个理念近年来在中国也开始被接受了。任何法律都不可能完美无缺，有时候误判难免。以前常常一判马上拉出去，当场杀一儆百，现在对死刑越来越慎重，这就体现了对生命的尊重，和《哈姆雷特》的精神是一致的，倒是跟《赵氏孤儿》相左。

喜剧《威尼斯商人》的现代性还不仅仅体现在女扮男装的律师波西亚身上，该剧的核心是一磅肉的传奇故事：放高利贷的犹太人夏洛克借钱给基督徒商人安东尼奥，约定到时候要不还就得割下一磅肉来，但最后聪明的波西亚弄得他家破人亡。很多人以为该剧嘲讽了犹太人，这也是简单化的解读。犹太人长期受迫害流离失所，

没法拥有不动产，只能在身上带着钱，放点债收点利息。放债并不一定就能赚很多钱，基督徒的政府宽容一点能让他们赚点钱，什么时候要驱逐了，转眼就能叫他们破产。请看剧中那段夏洛克的关键台词：

“难道犹太人没有眼睛吗？难道犹太人没有五官四肢，没有知觉、没有感情、没有血性吗？他不是吃着同样的食物，他不是被同样的武器伤害、被同样的药品治疗，冬天同样要冷、夏天同样要热，跟一般的基督徒一样的吗？你要是用刀来刺我们，我们不是照样要出血，你要挠我们痒痒我们不是照样要发笑，你要是用毒药来害我们，我们不是照样要死的吗？那么要是你们欺侮了我们，我们难道不会复仇吗？”

莎士比亚写这个戏煞费苦心。他是基督徒，不能全站在犹太人那边来控诉基督徒，那样戏就不可能上演了。欧洲舞台上演犹太人历来有一套丑化的程式，演员要装上个漫画式的鹰勾鼻子。而且事实上那时候英国的犹太人已经全被驱逐出境，但莎士比亚还是觉得一定要说点公道话，坚持为夏洛克写下了这段极富同情心的台词。其实，只要把这里的犹太人换成其他任何受歧视的弱势人群，这段“申诉状”都是完全成立的。这也体现了莎翁超前的现代理念。

当今世界上莎剧演出数不胜数，所谓原汁原味、穿莎翁时代的服装来演的已经属于少数了。多数莎剧演出是穿着现代的服装，甚至未来服装；每个导演在排莎剧之前首先要决定的就是，故事放在什么地方？穿什么服装？但是他们只做删节，并不擅改剧本，这也可以证明莎士比亚的当代意义——几百年前写的台词就是穿上现代服装来说，观众也绝不会笑场，感觉还是挺真实的。相比之下，要是杜丽娘穿着高跟鞋连衣裙说起或唱起“袅晴丝吹来闲庭院，摇漾真如线”，观众一定会笑疯的。我们的传统戏曲中有什么剧目可以穿上现代服装演吗？

除了专业剧场演出，欧美还有一种微型莎剧，专门为中小学生演出。很多戏剧专业大学生毕业后改行了，但还是热爱戏剧，会用业余时间来排戏。政府和基金会也常常支持一些半职业的剧团，排出简缩版的莎剧到中小学演出，例如50分钟的《罗密欧和朱丽叶》，剪去枝蔓，七八个演员，相当于一节课。我们是不是也能到中小学里去演一演经典剧作的简缩版呢？演莎士比亚和中国经典都会很有意义。

如果莎士比亚这个我们的同时代人也能启发我们从中国自己的文化传统中找到一些同时代人，那该多好！

文 / 孙惠柱

隐修在剧场

重逢旧文。当时思、今时感的脉络历历可见，仍愿它的枯荣一如夏花与秋叶，惟其如此，它的盛放和凋零都是成长最好的答案。

入团十年，首演于2015年第一届上海小剧场戏曲节的实验昆剧《夫的人》，无疑是我昆剧创作道路上的一道分水岭，仿佛由此醍醐灌顶了戏曲在当代、戏曲传统在当代剧场同我之间的关联，这关联的分寸感，是传承的觉知、创新的决心和担当实干的延续，以当代解读为眼，以传统演绎为步，舍我藏锋。

记得有高僧大德说过，“最高的艺术，是能熄灭所有的烦恼和痛苦，让我们认清自己本来的样子”，十年一觉水磨梦，既守之，则不轻之、不媚之、不忘之，隐修在剧场。

几年前，主抓创作题材的谷好好团长找我聊起想从西方经典中选取一个有意思的故事改编成昆剧，我们从古希腊悲剧的《美狄亚》谈到了莎士比亚的《麦克白》，最后，拟以东西方同时代的两大戏剧大师汤显祖和莎士比亚的对话开启一次小剧场的探索征程。2016年是《麦克白》创作完成410周年，同时是汤显祖、莎士比亚逝世四百周年的纪念，而汤显祖也早已成为中国昆剧面向世界的代言人。莎士比亚和小剧场，对于上海昆剧团并不是先例，《血手记》和《伤逝》珠玉在前，传创兼备，历来是上海昆剧团的创作基因。于是，谷团长邀请了多次荣膺曹禺戏剧文学奖剧本奖的余青峰来编剧，青峰兄是怪才，其创作的切入点往往以个性见长，我们仨一拍即合，当即决定以麦克白夫人为第一主角。

不久，我便接到青峰兄的电话：“鳗文,《夫的人》！剧名就这个！”

《夫的人》，夫人、夫、夫的人，既有人物身份，又有人物关系，并且还有着一种千丝万缕的牵扯感，我琢磨着有戏。

等待。等待。等待。

一别有年，当我首次拜读剧本，感受到编剧铺陈展现了麦克白夫人助夫弑君前后的辗转变化，假以爱之名，行以恶之手，是一场名副其实被欲望腐蚀的风暴。余青峰、屈曌洁伉俪塑造出了在戏曲舞台上难得一见的越罪越美，具备罂粟气质的女性形象。

台前的罗晨雪、吴双、黎安、谭笑是当前上昆各个行当的中坚力量，因由此，案头时我便确定创排的方向：聚焦表演。在整部作品的二度语汇意象的把控上，以原著中麦克白夫人死亡前握着烛台在古堡中飘忽不定的调度展开，将少时深受影响的《血手记·闺疯》一折延展成全剧的倒叙和轮回。从某种角度来说，这算得上是部女性视角、女性情感的女性心理剧。

余青峰、屈曌洁、李琪、倪放、陈晓东、倪广金、俞霞婷……幕后的编、导、音、舞、评，均来自近几年由中国剧协选拔的全国青年艺术家群体，是当今戏剧界的前沿力量，他们携我、助我、挺我，而就实验的尺度，剧组一开始却产生了两极化的建议，我个人在两极化之间的挣扎，也最终淋漓尽致体现在了首演上。专家、前辈、同行、媒体、观众，从创作的角度、力度、深度、尺度，再到演出的品相、品格、品质、品味都争相予评，各有各论，也各有各长，这些年，传承言多、创新行少，在本土新生的戏曲原创生命力日渐式微的时刻，撕开这一道口子，让我感慨，更让我清醒：入乎其内标新立异，出乎其外删繁就简，如何在东方剧种固有且惯有的审美体系内，去剥离西方角色极致人性的复杂，甚至是审“丑”，是功课、是学问，这道题，值得我好好答，也许，是一生的躬行与徐行。

说心里话，能够执导实验昆剧《夫的人》，作为生于话剧、长于戏曲的我而言，始终是忐忑大于兴奋。1986年，黄佐临先生挂帅上海昆剧团，第一次将莎剧搬演到中国戏曲的舞台上，到今年整整30年了。昆剧，特别讲究传承。传承，其核心价值在于

小剧场昆剧《夫的人》舞台剧照

精神的传承，不是思维的复制。仰望经典，而对视传统，才知道我们是谁，才知道旧从哪里来，才知道新往哪里去，才知道，这条澄明之路，还在路上！在路上，亦是我作为后来人初衷不渝的心向往之。

文 / 俞鳗文

《夫的人》舞台剧照

皇莎重译中文版《亨利五世》的启示

话剧在中国已经有近110年的历史，作为一门源自西方的剧场艺术，它一直与各国戏剧界有着各种各样的交流与合作，而剧作的翻译在其中的作用非常重要。上海话剧艺术中心从1995年至今演出二百台左右的剧目，其中近一半都是翻译作品，而在日常演出中有超过一半的剧目都是翻译剧，因为翻译剧大多都是经典或是比较成熟的剧目，在实际操作中风险小，观众也喜欢。

剧本翻译不同于一般的文学翻译，它不仅考验一个译者的文学功底和语言能力，而且更考验译者对于戏剧、剧场和排演的了解，甚至他也要了解观众，剧本的翻译不是一个译者就能完成的。十多年前，我曾在英国国家剧院跟过他们的一个剧本翻译项目，当时是需要把几个克罗地亚的剧本翻译成英文，他们的做法是四个人参加一个项目，克罗地亚语的原作者、懂得克罗地亚语并且母语是英语的文学翻译、英语剧作家和戏剧导演，整个过程需要分几个步骤完成：第一步，由文学翻译与原作者进行沟通后翻译，翻译的过程中他们可以随时进行沟通，由此完成初稿。第二步，由文学翻译、原作者与一个英语剧作家三个人一起沟通，最终由英语剧作家完成第二稿。第三步，由戏剧导演、英语剧作家以及演员进行朗读、排练和演出，完成第三稿。而这一稿才是相对准确的、适合于演出的最终定稿。这三步也可以对应于翻译讲究的“信、达、雅”，即准确（译文准确）、通顺（适合排演）、得体（面对观众）。当然，这每一步也可以根据实际情况更加简化，如果这个文学翻译既是编剧又是导演,那就可以合成一步完成，但这样的人非常难找，所以就得分步骤来完成，有人甚至提出一个剧本从原作到最终译稿需要有七个不同的版本，即原文学本、原演出本、文学翻译初译本、编剧初译本、导演编辑本、排练修改本、最终演出本等。

我过去也尝试着做剧本的翻译与改编，对自己来说这是摸索和学习的过程，也有些收获。我曾经翻译和改编过《简爱》，这个小说已经有无数个中译本，而根据原来的小说重新进行改编，翻译也非常重要。首先我得读英文原版小说,然后再去读中译本，从中寻找适合自己剧本创作的语言风格，它不仅是要求准确，而更高的是一个19世纪英国小镇女孩的日常对话如何成为21世纪中国戏剧舞台上人物的对白，这得去原文中找感觉、从其他小说中译中本找对比、从影视中译中本找节奏，并且要适合自己改编的想法，并要考虑观众的接受与理解，这是一次综合的尝试，我花了整整一年时间去寻找与研究，再进行创作与改编，这个过程非常艰难，但是很有意思。改编是站在别人的肩膀上重新进行攀登，不是爬得更高就是摔得更惨，它需要打破、取舍与重建，而翻译是不间断的无时无刻地进行改编。

2016年是莎士比亚逝世四百周年，全球纪念莎士比亚的活动层出不穷，英国皇家莎士比亚剧团推出了一项为时八年的计划，就是在全球重译莎士比亚剧本，而他们选择中文作为尝试。莎士比亚的剧本被世界各地翻译，中译本就有好几个不同的版本。可是此次皇莎的重译计划却希望重新翻译的剧本不是为了出版阅读，而是为了更加适合在剧场演出。

皇莎莎剧重译计划的第一个项目就是重译《亨利五世》的中文版，这出莎士比亚的历史剧在中国演出很少，此次由上海话剧艺术中心与英国皇家莎士比亚剧团主创团队共同排演中文版，是想以此为开端来开启这个莎剧重译计划。在排练过程中，我们发现过去的许多译本都因为各种原因而有所删减和损失，此次把翻译与排练演出结合起来，就是想拥有最适合中国当代演出的版本。首先要有好的译者进行比较准确地翻译，然后要有团队根据这个译本，对照目前的各种版本进行校定，最后，由双语剧作家与皇莎的主创团队、上海话剧艺术中心的演员团队一起进行排练，最终呈现在舞台上的就是经过实践检验的、比较适合演出的版本。具体的步骤大体如下：莎士比亚第一对开本——皇莎演出版本——准确的中译本——专家对照校定——编剧编辑版本——皇莎与上话团队排练版本——上话演出版本——皇莎出版中文演出版本。

首先莎士比亚第一对开本是莎剧全集的首次出版剧集，是莎翁的同事根据所有的演出实录形成的版本，都是演出本，这也是皇莎一直所尊崇的版本。其次，这次的剧本都是经过现任皇莎艺术总监道兰先生删减的版本，也是经过皇莎无数次演出检验后的版本。第三步是中文版的导演欧文先生在此基础上再进行修订和增减，以适合于中国当代的观众。第四步是莎士比亚专家张冲先生进行过一稿的基础翻译版本，这个版本也被皇莎在中国巡演时用作中文字幕进行过使用，也听取了观众们的反应。第五步是翻译苏国云先生进行对照重译，他和导演进行了细致地商谈，删繁就简，让中文版不仅在原意上更加符合莎剧原貌，而且在语气、节奏、舞台调度等方面也更加适合于排练演出。同时也非常注意英国历史与中国当代观众之间的关联，在俚语、诗意、隐喻等方面也进行了准确的修订。第六步是皇莎邀请的中文莎剧专家团队对译本进行校订，从而确保译本没有歧义和错误。第七步就是中文编剧的介入，根据排练演出的需要,重新对译本进行校译，这期间要不断地跟导演、译者和专家进行沟通,以保证译本具有可排演性。第八步，中文编剧和导演一起参加排练，用中方演员进行剧本的朗读、修改和排练，这是一个不断打磨与试错的过程，最终形成了一个可以排练的译本。在此过程中，演员也不停地和中文编剧沟通，谈他们排练的体会，导演也会根据演员的反馈进行解释，通过在排练厅为期两周的工作，中文编剧会在此基础上完成最后的定稿。第九步就是进行为期三周的演出，面对观众听取意见，导演和演员也会进行微调。第十步就是首轮演出结束之后，中文编剧再根据演出录像和方方面面的反馈进行最后一次的修订，这才是最终的中文版定稿。

因而这个中文版《亨利五世》的剧本，从莎士比亚年代的演出本到现在的版本是经过了这十个步骤之后形成，其每一步都是经过翻译和编辑的精心打磨，而所有的目的都是为了让这个译本能更加准确，更加适合于在中国进行排练演出，更加接近当代的观众。在整个翻译过程中，我是作为中文编剧介入到整个翻译过程，这就得了解大量的背景资料，观看与研究英文演出，与导演进行充分的沟通，听取译者与专家的意见，对译本进行编辑和改编，参加排练，最后再对演出版进行修定。这个过程是复杂的，需要投入大量的精力与时间，这也是一次翻译的尝试，希望通过这次尝试我们能找到一个科学、准确而适用的方法来进行剧本翻译。

随着中国国际影响力的越来越大，中国的戏剧作品走出国门也越来越多，这其中翻译问题也日显突出。一个好的作品没有准确而合适的翻译，其水准也会大打折扣。在过去的十几年间，我有 17 部作品被翻译成十几种语言并在国外出版与上演，有些剧本同一种语言也会有好几种不同的译本，但是最具有适用价值的翻译往往不是出版的版本，而是经过实际演出的版本。《WWW.COM》这个戏就有近十种语言的版本，英文有三个不同的版本，因为翻译不同，其实际演出与反馈也很不一样。《乌合之众》目前有中、英、挪、德和西等不同的版本，仅仅是剧名的翻译就有不同的版本，中文“乌合之众”和英文“The Crowd”都有群众、群体和鸦群的意思，但具体意思又不一样，各种文化对于乌鸦的认知不一样，就很难体现中文剧名原本的意思。西班牙语版把剧名翻译成“群众”，就少了一层意思。第一个德语版的剧名以前是根据英文剧名来的，也被译成“群众”，第二个版本的译者是根据中文直接来翻译的，她经过和我的沟通与讨论，最后在德语中找到一个跟中文“乌合之众”非常相近的剧名，就少了些许遗憾。由此可以看出,我们的作品要想走出国门，首先得过翻译这一关，戏曲作品就更加困难，还有很长的路要走。

文 / 喻荣军

向中国学派致敬

——访《枕上无梦》导演俞鳗文

您和《枕上无梦》这部戏合作的契机是什么?

俞鳗文(以下简称“俞”):从上戏毕业之后，我的话剧作品多以先锋居多，而入职上海昆剧团后，戏曲作品也以新锐见长。这次上海话剧艺术中心邀请我导演《枕上无梦》，感觉很荣幸。后来得知此剧是“汤莎节”中唯一一部讲汤显祖的原创作品，内心民族荣誉感油然而生，心想一定要参与一下我们的本土原创。我知道“汤莎戏剧作品展演”单元中大部分戏是邀国外的导演来做的，“汤莎节”也要有中国学派才是，所以我就答应了。

您想在这部戏中呈现一个怎样的汤显祖?

俞:悲悯而自负。汤显祖的一生命运多舛，才情与性格一样的极致。编剧一开始就给了我们一个规定情境，从汤显祖弃官归里，返乡临川的生活切入，这部戏并不是一部传统的非常写实的戏。更多的是他个人的精神世界。功名学问，成功成人，从失意的官场逃避的他对人生有什么样的感悟?这些感悟在《临川四梦》中是如何被凝练升华的?戏里我们更多呈现的是他在这个阶段对人生的困惑和思考。

在第九稿中，傅氏跟汤显祖有一些争执，但是在第十一稿中傅氏被塑造成一个非常善解人意的形象，这样

的改变是出于怎样的考虑?

俞：我们团队做了比较仔细的案头工作，对于人物的性格本身，我不能歪曲汤显祖，也不能歪曲傅氏。根据记载，在汤显祖的三任妻子中，傅氏是唯一一个由汤显祖自己选择的，因此推导出他们的夫妻关系应该比较和谐。傅氏出生于京城官宦之家，长期受到大家闺秀的教育，由史可鉴这个人物有这样的性格应该是比较合理的。演员们之前开玩笑说我把傅氏塑造得过于美好了，有可能，可能是心疼汤显祖，我想让他幸福一点。但这个人物的性格本身是基于写实的，都是有据可考的，我们只是在解释上做了一些戏剧性的构作。

如何在舞台上表现梦中梦及虚实相生的感觉，会不会有什么困难?

俞：会的，梦、戏、佛、性，汤显祖的一生可以概括为这四个概念词，所以他的一生可以说是戏梦的一生，“梦中说梦两重虚”，这是我们这个戏的基调。在表现手段上，我会借助于世间人和梦中人两种对镜，靠两种手段去表现，所以演员们很刻苦地学习能剧、傩戏、昆曲、古典舞等元素。

现在这个剧本对比改动前的版本，删掉了大段的台词，似乎更加强调了汤显祖的内心表现?

俞：不仅仅是删除而已，而是更加趋于内心化，这是我们的汤学顾问张福海建议的。他说这个戏应该往内走，它更多地是展现汤显祖的精神世界。我觉得这个建议是对的。通过专家、导演、主创等人的讨论，以及跟编剧、文学统筹的磨合，让这部戏越来越往里头走，往《临川四梦》里头走，但是又不失观赏性，这其实是非常难的。

执导这样一部有着很多戏曲元素的话剧，导戏过程中有没有遇到什么难题?

俞：对我来说，做这个戏最轻松的做法是戏曲演员来完成一部分，话剧演员来完成一部分。中心建议全用话剧演员，我也想自我挑战一把，但是观察了一下，我发现不能让他们直接练戏曲。相对于戏曲演员而言，大部分话剧演员表达台词的时候情绪很好，但是无法满足这部戏对动作的要求，这是表演习惯的问题。为此，我给演员们安排了一些针对性的训练。比如像王旭有武生的动作，我就专门请了武生来练，旦角专门有旦角老师来教。不用说话，情绪全在动作里。演员在学习中自然而然享受到了用身体来抽象表达的那种快感。

作为一个同时拥有话剧和戏曲背景的导演，与纯粹戏曲导演和纯粹话剧导演相比，您的优势在哪里?

俞：艺术本身所谓的门类界别，对我来说都是语言工种，你说普通话也好，说方言也好，说英语也好，终其根本，都是为了沟通，剧种不过就是语言门类不同，所以作为导演，尽量不要让自己局限。

这也是为什么这次宣传时，我会提出“向中国学派致敬”。也许，归根到底，我对于中国传统戏剧样式，还是有着很深的感情，它，种在了我的心里。其实无论是作为舶来品的话剧，还是作为讲究传承的戏曲，中国的戏剧在当代应该如何表述中国故事，表现中国情怀，表态中国精神，这是我们这一代青年戏剧人应该思考的事情。

文 / 陈莎

这是一场奇妙的旅程

——《惊梦》导演阐述

《惊梦》是由我们与一群演员在排练厅里通过集体即兴创作、形体编排以及一系列技术元素的配合编排出来的原创戏。英国团队和中国团队密切合作，以求以全新的角度诠释两部经典爱情戏剧。

为了通过动作、音乐、灯光和文本，给这部戏的每一个瞬间都找到最生动、最振奋人心的语言，我们整个团队都在紧张地工作着， 每一个瞬间的发现都是在排练厅里共同完成的。英国壁虎剧团(以下简称壁虎)以诗歌、隐喻及视觉构建为手段，观众能够以自身的独特经验去参与、去解读。

由于受到了两部经典文本——莎士比亚的《仲夏夜之梦》与汤显祖的《牡丹亭》的启发，壁虎这次不会以语汇去叙事，因此我们必须找到独有却又大众的舞台语言。

我们邀请观众将《惊梦》当作一部全新的作品来欣赏。海伦娜这位三十多岁、在爱情中从来不走运的女子的故事。看着朋友们一个个都获得了婚姻、组建了家庭，她恐惧被“剩下”。她对于伴侣的渴望之情并没有帮助她在爱情之路上一帆风顺，我们会加入她去寻求一位自己也许永远无法拥有的男人……

与上海话剧艺术中心的这些极具天赋的演员一起工

作是一场奇妙的旅程。加上前期的准备工作，《惊梦》已经构思筹划了一年时间，壁虎与上海话剧艺术中心享受着这次合作所带来的惊喜与挑战。我可以大胆地说，这段经历是我至今参与过的最丰富、最有野心、最有创造力的戏剧工作。

文 / 里奇·鲁斯克

喜剧的传承与发展

——中韩《仲夏夜之梦》主创对话

2016年11月，第二届上海国际喜剧节论坛开场，其中一项内容是谈《仲夏夜之梦》经典喜剧的传承与发展，来自中韩两个版本《仲夏夜之梦》的制作团队，从不同视角不同文化诠释这一经典喜剧

一、谈喜剧和莎士比亚

保罗·斯特宾（中国版导演）：我觉得喜剧才是莎士比亚的挚爱，他让我们发笑，恰恰也让我们感觉到人性所在。作为一个戏剧从业者来说，如果一旦要开始导演喜剧了，一定要正视喜剧，将它作为一种严肃的艺术来看待。一定要刨除这样的误解，认为喜剧只有笑声，不如哲学一般深沉。

梁正雄（韩国版导演）：我经常思考如何把经典和现代相结合，怎样把经典作品的美学展现给观众。我喜欢笑话，喜欢笑容和笑声，所以我喜欢看有趣的喜剧，就算看悲剧也喜欢从悲剧里找喜剧元素，转换成喜剧，而给我喜剧灵感的正是莎士比亚的作品。

保罗·斯宾特在排练现场

二、为什么不约而同地选择《仲夏夜之梦》

保罗·斯特宾：《仲夏夜之梦》是莎士比亚戏剧中唯一一部有超自然元素的作品，我选择它的原因是：文化之间的隔阂在这部剧中是不存在的，剧里面很好地解释了所有想解释的中心话题。这部戏更像是漫画中的场景，更容易进行文化的迁移。

梁正雄：接触这个作品的时候我认识到，有时候喜剧或者悲剧对于有些人来说是不一定的。在创作的时候，我加入了很多漫画元素在里面，我发现这是有深度、有价值意义，笑容与哭泣融于一体的作品。东方世界对于眼睛看不见的世界，比如说鬼神非常的熟悉。所以我尝试将这种恐怖感和交错相织的爱恋结合在一起，当然也是因为莎士比亚的作品非常的有魅力，我被他吸引了。

三、本土元素如何融入经典喜剧并传承与发展

保罗·斯特宾：我们把这部剧搬到上海，就会融入具有上海特色的表演形式，让观众在喜剧演员身上发现本土文化的活力所在。另外，我认为喜剧之中的音乐也必须跟本地观众产生共鸣，所以中国版的《仲夏夜之梦》加入了具有中国元素的民乐，而且这些民乐演奏员化作了精灵，融入剧情之中，这样的尝试也得到了本土观众的喜爱。

梁正雄：东方文化常具有形式美，无论是舞蹈还是歌曲，台词也具有韵律。把东方传统的形式美与莎士比亚剧本相结合，我喜欢这样的尝试。

四、问答环节

问：外国的戏剧，包括莎士比亚戏剧能不能和上海滑稽演员很好地融合？

凌梅芳（上海话剧剧团团长）：作为上海滑稽剧团来说，我们在坚持传统艺术的同时，一定要有探索，这个探索过程也不是一蹴而就。这次在做《仲夏夜之梦》的时候，就发现了这样的问题，一些喜欢看传统滑稽戏的观众会觉得不习惯，其实这些都是不矛盾的。如果我们做的是滑稽戏，肯定是原汁原味给观众看到滑稽戏的说、学、做、唱；但是方向是喜剧的话，元素可以按照喜剧样式来，不用特别框架在一个模式，上海滑稽剧团是一个专业从事滑稽戏、喜剧艺术的表演团体，所以作品肯定是与喜剧有关，与快乐有关。

问：作为复排导演，您和原版之间有什么改变的地方？

虞杰（中国版复排导演）：起初我对保罗导演怎么排莎士比亚这出戏有很多想象，但最后发现保罗导演的这一版《仲夏夜之梦》根本不在意是发生在什么样的东方，什么样的年代，也没有规定情境的东西，而是运用各种能够帮助表达想要表达东西的手段讲解这个故事。他非常忠于原著，保留了它的结构。保罗导演多次试图加入一些本土化、中国化、上海化的元素。第一时间选择了中国民乐作为台上表演的一部分，还加入上海说唱《金陵塔》的一小段，也加了一些方言台词，但是比重不大。在这一轮复排中，在保罗导演的基础上，尊重保罗导演的构思、构想，再增多了本土化的比例。另外，我适当地做了一些删减，将原本这个台词中过于诗化的台词，

《仲夏夜之梦》舞台剧照

在首轮演出中上海本土观众在接受信息上存在一些隔阂的部分进行修改，但主旨信息仍然保留，所以说这个戏还是非常原汁原味的。

问：之前听梁导说会再导《罗密欧与朱丽叶》，再选莎士比亚的戏会用什么手法展现?

梁正雄：爱情里有着光明和黑暗，韩国本地也有着进步和保守的两派。有很多关于爱情观无法调和的争论，但是莎士比亚一直在努力地去原谅、去宽容，他的作品都体现了这一点：最具有希望的就是爱。恋人不论遇到什么样的困难和险阻，都会用爱去战胜一切。

整理 / 徐娅群

图片新闻

《我，哈姆雷特》：呈现乱码感，艺术家的实验从未停止

《我·哈姆雷特》舞台剧照

在汤显祖和莎士比亚逝世四百周年之际，上海张军昆曲艺术中心创作的《我，哈姆雷特》，将六百年文化沉淀的昆曲和莎士比亚四百多年的"终极拷问"结合起来，这也是当代戏剧人"不得不面对的人生课题"。

该剧作为第十八届中国上海国际艺术节委约作品首演于中华艺术宫。东方的手眼身法步，演绎西方戏剧经典。出品人兼主演张军，通过一场长达75分钟的独角戏，一人挑战生、旦、净、丑四个行当，试图让东西方文化同台对话。

这并不是一个讲述血海深仇的故事。

这是一个叩问生死抉择的过程；这并不是丹麦王子悲剧命运的再现，这是哈姆雷特内心撕扯的还原。

导演李小平这样说，在这个故事里，光明与黑暗、生存与死亡、复

《我·哈姆雷特》舞台剧照

仇与爱的激烈缠斗——核心是围绕着哈姆雷特的内心世界。因为讲述一个完整的丹麦王子复仇的故事不是第一目的，体现中西文化上的对话，实践中从作品内涵到表现形式的冲撞与交融，才是这出戏追求的真正内涵。

他在接受采访时曾表示，在这个网络爆炸的年代，每一个文化现象呈现在我们面前，我们自身都会生产一种纠结反射，这个戏借了哈姆雷特的处境反射以及哈姆雷特心境的纠结来呈现一个乱码的年代。

张军透露，与其说他在扮演哈姆雷特、掘墓人、奥菲利亚与亡魂等角色，不若说是演绎了一个灵魂的若干侧面。我们常有犹豫之时、有彷徨之时、有疑虑或者痛苦之时，常常站在人生的岔口，迷惑于该何去何从。这并不只是四百多年前的舞台拷问，同样是当代人不得不面对的人生课题。

开场和结尾处，哈姆雷特多次使用中英文双语念白，无一不显露艺术实验不曾停止，要“走出去”的雄心。张军说，编剧罗周为了达到曲牌完美融合，把倾听可能存在于每个人生命深处的喧嚣感觉表达出来，花两个多月将写好的剧本重新揣摩再度创作。

图片新闻

“汤莎剧本朗读会”走进经典

左上：上海话剧艺术中心演员　任山
左下：上海戏剧学院教授　孙惠柱
右上：上海市戏剧家协会主席　杨绍林

为了与戏剧爱好者共同庆祝第54个世界戏剧日，2016年3月26日，上海市戏剧家协会、上海话剧艺术中心、上海昆剧团联合举办“重温巨匠时代——汤显祖、莎士比亚的戏剧对话”经典剧本朗读会。

剧本朗读会与舞台演出相比，更侧重剧本本身。上海剧协从2015年开始开展经典剧本朗读活动，希望在戏剧创作、演出市场日益繁荣的当下，回顾和重温戏剧的经典作品，让更多戏剧爱好者了解并欣赏到“一剧之本”的文学魅力。

图片新闻

“生存”还是“毁灭”，芭蕾舞者用足尖探寻人类永恒问题

原创芭蕾舞剧《哈姆雷特》是上海芭蕾舞团2016年推出的纪念莎士比亚逝世四百周年原创作品，4月15日、16日在上海大剧院演出结束之后，好评如潮。

该剧邀请了原英国国家芭蕾舞团艺术总监德里克·迪恩担任编导，他特别注重每个人物的内心刻画，使观众很明白每个人物在剧中的角色位置，并设计了大段的独舞、双人舞、三人舞和群舞。

谈到创作灵感，他这样说：“这不是一个童话故事，即便有美丽的外衣，但内部形象是复杂的、纠结的。我希望能挑战一下观众，让他们投入到这个故事中，真正地激动起来。”